コマッテル？

. . . any advice? by Tucker Shaw and Fiona Gibb
Copyright © 2000 by 17th Street Productions, an Alloy Online, Inc. company
Japanese translation rights arranged with 17th Street Productions c/o Alloy, Inc.
through Japan UNI Agency, Inc., Tokyo.

Cover illustration by Carolyn Veith Krienke
Cover illustration copyright © 2001 by Alloy, Inc.

目 次

sign-on	4	はじめに
your body	6	カラダ
your head	28	キモチ
your friends	42	トモダチ
your crushes	76	レンアイ
your dating dilemmas	88	デート
your relationships	114	ニンゲンカンケイ
your sex life	140	セックス
your sexual identity	170	セクシャル・アイデンティティ
your family	182	カゾク
sign-off	200	おわりに
help lines	202	ヘルプライン
Fiona & Tucker	204	著者プロフィール
	206	日本語版補足
	210	訳者あとがき

SIGN-ON

はじめに

ウェブサイトAlloy.comで悩み相談のQ&Aを担当してるわたしたちのところには、アドバイスを求めて毎日数百通のメールが届く。みんながそれぞれの悩みを解決できるように、タッカーとわたしはわたしたちなりのベストを尽くして回答している。解決策だけでなく、応援する気持ちと愛情をこめて。そのためにわたしたちはなんでもする。なんにでもなる。傷ついた心を診察する医者にもなるし、性問題のコラムニストにもなる、進路指導もする。そしてときには、泥臭い現実をつきつけてあなたを容赦なく平手打ちしなければならないことだってある。

アドバイスをするときはいつも、そのメールをくれた子になったつもりで考えるよう努めている。世の中で日々どれだけたくさんの親友同士が絶交していようが、どれだけたくさんの人間関係に危機が迫っていようが、またどれだけたくさんの無理解な親であふれかえっていようが、いざわが身に降りかかってきたときには、それがなんのなぐさめにもならないからだ。今にも自分を押しつぶそうとしている目の前の問題に比べたら、他人が抱えている問題などさして重大でも深刻でもない。そうとしか思えなくなる。

あなたが抱えている悩みごとは、良くも悪くもあなたのものだ。問いかけられたわたしたちは、その悩みを取りのぞこうと努力することならできる。相談を読んだみんなも、それぞれの意見を投げかけることならできる(し、現にいろんなコメントが寄せられている)。でも1日の終わりにふと気づけば──友達も、家族も、タッカーとわたしも、みんなも、誰ひとりあなたが明日どうすればいいのか教えてあげることはできない。最終的な判断はあなた次第だ。

だけどこれだけはおぼえておいてほしい。あなたはひとりぼっちじゃない。疑ってる?この本を読めばわかるはず。

☼

Peace, Tucker and Fiona

As the advice columnists for Alloy.c... ...ndred e... ...asking for advice. And we do o... to your problems, or give you some lo... ...etimes that means we get to play broken-heart de... sex columnist. Sometimes guidance couns... ...we have to slap you upside the head with a do... we answer your questions, we always try to pu... ...your place... ...use no matter how many best-frie... meltdowns, or parental misunderstandings there are... ...e universe, ...happening to you, no other probl... important as the one you're stressing over. Thing is, any problem yo... ...g with is yours o... and everyone else can throw in their point of view (and they do!), but ...nd of the day no

YOUR BODY
カラダ

自分の体が好きになれない?
太りすぎてる、やせすぎてる、そばかすが多い、
エトセトラ、エトセトラ…。
世間には、「これがイケてる女の子」という作られたイメージが
氾濫してる。雑誌の表紙からいっせいに微笑みかけてくるのは、
ひきしまったボディを最新ファッションで包んだモデルたち。
「これが正解なのよ」って言われ続けてる気分よね。
そんな中で、自分の体はなんかマチガッテると
感じてしまっても不思議はない。
だけどモデルじゃない以上、モデルみたいにはなれないのよ。
このことをしっかり受けとめてほしい。
何時間スポーツジムで汗を流そうが、鼻を整形しようが、
豊胸手術を受けようが、そこには限界がある。
そもそもモデルだってパーフェクトじゃないわ。
写真は修正できるんだもの。
タイラ・バンクスがあなたと友達だったら、
彼女ですら同じようなことを言うんじゃないかな。
「広すぎるおでこがきらい!」とか
「わたしもそんな髪だったらなあ」とか、ね。

Fiona

Okay, you hate your body. You think you're too fat. Too skinny. Too freckly. Whatever.
 And really, how can any of us avoid feeling physically inadequate when we're constantly bombarded by images of how we're supposed to look? Like those superskinny chicks in fabulous clothes on the covers of all the magazines.
 Well, here's the deal: Unless you're a model, chances are, you're not gonna look like a model. Ever. No matter how many hours you spend at the gym. Or if you get a nose job. Or breast implants.
 And you know what? If you and Tyra Banks were friends, she'd probably always be saying stuff to you like, "I hate my forehead," or "I wish I had your hair." Because models aren't perfect, either. That's what airbrushing is all about.

am I too fat for a boyfriend?
わたし、太りすぎ？

Q. やっぱり太ってると…

Dear Fiona,

ここんとこ落ちこんでます。男の子をデートに誘ったら断られちゃって。たぶん見た目の問題だと思う。わたし、太めだから。19号なんだ。性格的にはわれながら結構いいヤツだと思うし、長所もたくさんある。だけどスタイルがよくないせいで、一生このまま彼氏なんかできないんじゃないかって不安なの。男友達はたくさんいるんだよ。なのに15になるこの年まで、ただの1回もデートしたことがないなんて。誰か男の子と出かけたとしても、ならんで歩くのがこんな自分じゃ卑屈になりそうだしなあ。なんかもう、ほんと落ちこみまくってる。どうすればいい？

-Not a supermodel
デルモならよかった さん

A. 早合点しないの

Hey, Not,

おいおい、モデルの平均体重って一般女性より23％も軽いんだよ？ 体の線だってぜーんぜん、まーったくちがう。別モノなの。そんなのと自分を比べてどうしようっての。生まれつきそういう体型じゃない以上、今さら逆立ちしたってパリコレ・モデルにはなれないね。なろうとするのもまちがってる。はっきり言うけど。

そもそもその子にフラれたのだって、ほんとに体重のせいかな。決めつけるのははやいと思うよ。誘いにのらなかったのはほかの理由かもしれないじゃん。デートしたい気分じゃなかったとか、ほかに好きな子がいるとか、友達としてしか見れないって

俺にとって完璧な女性というのは、欠点までちゃんと

やつかもしんないし。ダメージは受けただろうけど、そんなことで落ちこむなよ。長い人生、キツいこと言われる日もある。そんなとき、あんまり自分を責めないですむやり方をおぼえとくことだね。いちばん大切なことは、そのせいで自分を見る自分の目まで、キツくなっちゃイカンということだ。わかる？
あなたはいいところがたくさんある、いいヤツなんだと思うよ。落ちついて考えれば自分でもそう思えるんじゃない。そりゃ中には、サイズ6じゃないからってデートすら断る男の子もいるでしょ。だけどさ、そんなバカタレと付き合いたい？ わたしだったらウゲーッて感じ。
で、どうすればいいか。つらいかもしれないけど、ここは耐えるしかない。そのうちかならず、これはという男の子に出会えるってば。お姉さんを信じなさい。あなたのありのままの良さ

備えてる人。〔フレッド・ダースト（Limp Bizkit）〕

を認めてくれる子があらわれる。そんな子だったら、いっしょにいて自分に引け目を感じることもないし、ジーンズのサイズがいくつだろうが関係ない。むしろガリガリじゃないところに魅力を感じてくれるかもしれない。ありうる話よ。

ただ、そういうこととは関係なく自分の体を好きになれなくて、それで不愉快な気持ちが残るなら、いくつか打つべき手があるわ。外見も中身も、もう少し自分を好きになれる方法。餓死寸前の超ハードなダイエットなんかじゃないよ。軽く運動したり、健康的な食生活に気を配ったり、そういうちょっとした努力ッス。押忍！ でも効果は保証つき。なによりも、自尊心を取りもどせることまちがいなし。

自分を大切にね。

Fiona

♠/♠ Coco
そんなに気になるならダイエットすればいいじゃん。ただし、男の子のためにやるんじゃだめ。自分自身のためにやんなきゃ。

★/★ Vivien
わたしモデルやってて、サイズでいうと5号とか。でも彼氏いないよ。好きな子はいるけど、わたしに魅力を感じないみたい。こういうことって、サイズとか見た目だけの問題じゃないと思う。

what do guys think is hot?
モテるのはどんな子？

Q. 教えて！

Dear Tucker,

男の子ってどんな女の子が好きなの？　かわいい顔がポイント高いのは知ってるけど、ほんとに胸の大きさを気にしたりする？　スタイルの良さも評価の分かれ目になるのかな。友達の男の子が、「すごいやせてるとグッとくる」なんて言ってたけど。そういうのってほんとの話？

- **Curious**
参考までにさん

A. 人それぞれだよ

Dear Curious,

まあほんとの話だね。男の子は女の子の外見を気にするよ。女の子だって同じだろ？　男の子の見た目にこだわる。ただし、「やっぱ巨乳でしょ」っていう男の子もいれば、ブラのサイズなんかどうでもいいってヤツもいる。ほっそり感に点を入れる

ヤツもいれば、たいしてそそられないヤツもいるし、ブロンドに惹かれるヤツがいて、髪は何色でも可ってヤツがいて…。つまりだね。自分やまわりの女の子たちのことを考えてみなよ。いろんな好みがあるはず。それと同じで、男の子にもそれぞれ好みがあるのさ。

「たしかにそうだな」って思った？ ここまではＯＫだね。さて、野郎たちはすごい執念でその「グッとくる」女の子を追いかけてるわけだが、たいていはスリムかつボインというタイプだ。タネあかししちゃうと、ヤツらが必死になるのは、そうしなきゃいけないと思いこんでるからなんだ。まわりがみんなそういう子に群がってるというだけの理由でね。

というのも、ほとんどの男の子は、自分の本来の好みだとか惚れやすいポイントだとかが、どっかまちがってるんじゃないかって不安なんだ。誰でも自分のファッションセンスやヘアスタイルの好みに自信がもてなかったりするじゃない。あれといっしょ。オリジナルで押しとおすよりは、はやりものに飛びついたほうが無難だと思っちゃう。どんな子がイケてるかっていうのは、結局そういうことだ。しかも、コマーシャルやら映画やら雑誌やら、いたるところで「やせてて巨乳なのがイケてる子」って価値観をたたきこまれてるわけだしね。自然とその流れにしたがっちゃうんだよ。ほらカーゴパンツがはやったとき、みんながみんな買いに走っただろ？ もちろん女の子と洋服をいっしょくたに考えちゃいけないけど、僕が言いたいことはわかるよね。

そうやって流行の女の子に夢中になってるヤツらの中に、人間としてその子の中身まで深く知ろうとしてる男はほとんどいない。外見に惹かれてるだけで、内面までは見ようとしてないんだ。まったく失礼な話だけど。

ただ、ひとつだけたしかに言えることがある。長いスパンで見れば、やっぱり自分らしく生きてる女の子に男は惹かれるってことだ。ごまかしだらけの女の子とは長続きしないよ。そして

きれいな顔とナイスバディに恵まれるということは、烙印を押されて歩いてるようなものよ。

逆もまた真なり。上っ面を取りつくろってばかりいる男の子なんて、嫌気がさすと思わない？ まったく別人を装おうと必死になってたり、誰かの好みに合わせようなんてがんばってると、そのうち誰も相手にしてくれなくなるよ。
ありのままの自分を大切にね。

Tucker

♬/♬ Lindy
モテたいからってやせる必要はないんじゃない？ 人の好みなんて十人十色なんだし。

暗示の力

フィジー諸島で1995年に開始された米国テレビ放送の影響を受け、身体イメージに対する少女たちの価値観が大きく変わったことが、精神医学者アン・ベッカー（ハーバード大学）の研究で証明された。伝統的にフィジーでは、体格がよくて頑丈なことが良しとされていた。しかし1998年に調査したところ、少女たちの4人に3人が自分は太っていると答えている。さらに15％はウェイト・コントロールの目的で嘔吐をくりかえしていた。「2000年もかかって培われてきた伝統が、たった数年分の『ビバリーヒルズ高校白書』できれいに洗い流されてしまうなんて。思ってもみなかったわ」とはベッカー博士のコメント。

「あれもこれも欲張るんじゃない」って、監視されてる気分なの。〔ナオミ・キャンベル〕

I can't lose weight being healthy

健康的にやせるには？

Q. 楽しくやせたい

Dear Fiona,

やせたーい！ 友達は「どんなに腹がへってもひとくちも何も食わないぞダイエット」を決行中。わたしは「ジャンクフード減らして運動するぞダイエット」に励んでるんだけど、ぜんっぜん効き目がない。まわりがどんどんやせてくのに、わたしだけちっともやせないんだよ！ おかげさまで体調だけはバッチリさ。友達は青い顔してるけど。どうにかして楽しくやせる方法、ない？

-Detesting Dieting
ラクしてやせたい さん

A. 焦りは禁物

Dear Detesting,

体重を減らす方法の中には、あんたたちにとってものすごく危険なものがある。お友達がハマってるような断食まがいのやり方もそのひとつ。かなり危険だよ。拒食症をはじめとする摂食障害や不整脈で、あとあと後遺症に悩まされてもいいわけ？
それに過激なダイエットは不健康なだけじゃなくて、一時しのぎにしかならない。無茶なやせ方をした人の大半は結局リバウンドするんだから。それどころか、最初の体重より太ってしまうケースが多いのよ。だからたとえ今は効果に満足できなくても、あなたはお友達より正しい取り組み方をしてると言える。
それにしても目先のことしか考えないウサギさんが多いなー。知らない？ 最後に勝つのはカメちゃんよ。体を作り変えるということは、生活習慣を変えるということだからね。つまりフ

まず自分を好きにならなきゃ。ちょっと混乱してるけど、でも

ァストフードを減らして、体を動かす機会を増やすということ。バスケとか、なんでもいいけど。ただし本腰いれてダイエットしようと思うなら、その前に両親かお医者さんに相談しといたほうがいいわね。ダイエットの行き過ぎに注意してくれるし、うまくいけば応援してくれるかもしれないよ。
成功を祈るわ。

Fiona

♥/♥ Yolama
拒食症になりたいの？ トリガラみたいにガリガリなのって気持ち悪いじゃん。運動しなよ。体がひきしまってカッコよくなれるし、そのほうが気分もいいと思う。

みんなモデル並み…というわけにはいかないのね

- アメリカ女性の半数以上（約6500万人）は、17～27号サイズの服を着ている。
- 今世紀初頭に理想の女性とされた「ギブソン・ガールズ」（当時の人気イラストレーター、チャールズ・ギブソンが描いた架空の女性たち）、3サイズは96-60-114。
- 赤ちゃんのころからモデルをしていたブルック・シールズは、8歳でダイエットをはじめたことを告白。「炭酸飲料とピザをやめたの」。
- 女性誌『Glamour』に掲載された特集記事「モデルたちの私生活」によれば、95％のスーパーモデルは自宅の冷蔵庫にバターをおいていない。
- 一世代前のモデルの平均体重は、一般女性より8％軽かった。今日では23％も差がついている。
- セックス・シンボルと謳われたマリリン・モンロー。服のサイズは17号だった。

わたしはすばらしい存在なんだ、ってね。〔スティーブ・マックイーン〕

all she thinks about is her weight!
もう体重の話は聞きたくないよ！

Q. どうでもいいじゃん？

Tucker,
なんか最近、自分の彼女にうんざりしちゃうんだよね。付き合って数ヶ月になるんだけど、ここんとこ彼女が話すことといったら、体重が何キロ増えたの減ったのってそればっか。別に太ってるわけじゃないのに、なんだってそんなに気にするんだ？ほんとうんざり。

-Acorn
どんぐりさん

A. そうなんだよね

Acorn,
あー、そりゃウザいな。でも悲しいかな、世の中がよってたかって女の子たちに「やせろ！」って叫んでるこの時代だからね。しかも「モデル並みじゃなきゃだめ！」なんて、そんなの嘘なのにさ。女の子たちが思ってるほど僕らはそんなこと気にしちゃいない。それがわからないもんだから、体重のことで躍起になってるんだ。
彼女もそのあたり少し気にしすぎてるようだけど、だからってそれで君まで悩むこたないだろ？安心させてあげればいいじゃないか、君が。
うんざりする気持ちはいったんおいといて、まず彼女の身になって考えてみよう。それから率直に、愛情をこめて話すんだ。今のままでじゅうぶんすてきだし、今とちがう姿なんて想像もつかないよって。普段からそんなふうに話すよう心がければ、彼女も落ちついてくるだろう。100％の保証はできないけどね。

自分を愛することは、生涯続く

ひどい摂食障害に悩まされてるとか、そんな場合は君の力じゃ治してあげられない。きちんとした治療を受ける必要がある。だけど効果があろうがなかろうが、あるがままの彼女を認め、その気持ちを態度や言葉で表現すること——それで状況が悪くなるはずないじゃない？ さあ言ってあげなよ。「今のままでスーパーかわいいよ」ってさ。

Tucker

★/★ Jarmi
イラつくのはわかるけど、そのことでケンカになるのだけは避けないと。彼女、へんに追いつめられて、ひとりでますます悩んじゃうよ。

重たーい事実

14歳から18歳の女子について、米国公衆衛生局の調査より。

- 3人に1人が自分は太りすぎていると感じている。
- 60%が体重を減らす努力をしていると答えた。
- 約半数がウェイト・コントロールの目的で食事を抜いている。

（米国公衆衛生局調べ）

I'm bulimic
過食症に悩んでます

Q. なんとかしなきゃ…

Dear Fiona,

何ヶ月か前、思うようにダイエットの効果が出なくてイライラしてたの。それで食べたあと吐く癖がついちゃって…。こんなのよくないってわかりつつ、とにかく必死だった。今じゃ自分でもセーブが効かなくなって、食べるたびに吐いてる。やめられないの。これってやっぱり、悪いこと？ 教えて！

-Scared
ビビリ さん

A. 死ぬわよ

Hey, Scared,

疑問の余地なし。食べたあと無理に吐いてしまうのは過食症よ。深刻な摂食障害。あなたの心配してるとおり、体にすごく悪いことだし、精神的にもひどいことになる。もう身にしみてわかってると思うけど。

たいしたことじゃないと考えてるなら、これだけ言わせてちょうだい。習慣的に吐いてると体はボロボロになっちゃうのよ。食物のかけらがひっかかった肺は炎症を起こして、回復不能なところまで痛めつけられる。腎臓からは嘔吐のたびに、生命活動に必要な体液が失われていく。心臓はいつ不整脈を起こすかわからないリスクにさらされてしまう。ほかにも数えきれないほどのダメージがあって、重度の過食症で死んだ人もいるという事実。

外見もひどいことになる。そもそも見た目をよくしようとはじ

めたことなのに、皮肉だよね。血走った目、むくんだ顔。胃酸がエナメル質を溶かすから、歯もガタガタよ。
ことの重大さがわかった？ あんたには今すぐ助けが必要！ まず信頼できる人にうちあけなさい。かかりつけの医者がいるなら電話して、最寄りの支援団体か専門医を紹介してもらうこと。ひとりでなんとかするには大きすぎる問題よ。ためらわず助けを求めなさい。今すぐに。
さあ勇気を出して！

Fiona

♩/♩ OandH
わたしはちょっと太めだけど健康よ。ガリガリにやせて、ヒリヒリするのどや胃の不快感をがまんしてたり、歯が抜け落ちちゃってる人たちよりは、よっぽど健康だと思うわ。

ヘルプライン(pp.202-203)を参照。

要求が過ぎるのではないか？〔ジャーメン・グリア「去勢された女」〕

I'm very hairy
毛深い！

Q. ムダ毛とオサラバ

Hey, Fiona,

わたしの悩み。それは毛。体毛。誰でも生えてるものだけど、わたしのは濃い！とくに腕。おまけに黒い毛だから目立ってしょうがない。もうすぐ夏なのに、水着になることを考えると気が重いのよう。このムダ毛と永久にオサラバする方法、知ってる？ あったら教えて！

- **Embarrassed**
恥じらい乙女 さん

じゃんぐる？

A. ほどほどにね

Hey, Embarrassed,

あるわよ。レーザー脱毛という方法が。半永久的にオサラバできるけど、お金がかかるし時間もかかる。しかも噂によると、かなーり痛いらしい（針を使うんだって。痛そー！）。だからあんまりおすすめできない。だいいちムダ毛って大さわぎするようなこと？ 自分の体で自意識過剰になりがちな部位って、ひとつくらいはみんなもってるんだよねえ。気に入らないとこ

ろなんて、さがせばどこかしら見つかるもんなのに。やれ耳がデカいの、髪が縮れてるの、ボディラインにしまりがないのって。はじめるとキリがないよ。無理のない範囲内で手を打って、あとはあるがままを受けいれることだね。

脱毛クリームを試すもよし、ブリーチ剤を使うもよし、エステで脱毛ワックスというのもよし（なにやってもいいけど、剃るのだけはやめときな！よけい毛深くなるよ）。ただ大切なのは、毛深いからってくよくよしたり、それをストレスに感じたりしないこと。人間性や存在価値は、腕の毛となんの関係もないんだからね！

Fiona

♣/♣ Bets
カミソリで剃った腕、毛抜きで抜いた眉、どれも男の子をビビらせるんだということに気づいた。剃った脚はそうでもないらしい。

♪/♪ Bets
そんなたいしたことじゃないんじゃないの。モデルが体中ワックスでバリバリ抜いてるから、かわいい女の子にはムダ毛が生えないなんて思っちゃうだけで。体毛は自然だし、美しいと思うよ。

Tucker says: 男の僕も自分の体に幻滅することがある。内緒だけど、どの男の子も同じじゃないかな、ひとり残らず。カッコいい体がどうあるべきか、あまりにいろいろ言われてるからね。ほんと勘弁してくれって感じ。気になるものは気になるけど、それがどうしたっての？要はアタマだよ。つまり自信をもつこと。生きる姿勢。背筋を伸ばしてクールにいきたい。僕が本当に身につけたいのは、そういうことだな。

背が高く見えるかもしれないけど。〔マドンナ〕

I'm flat!
微乳…

Q. なんとかしたい！

Dear Fiona,

胸が小さくて悩んでます。あんまり貧弱だから、それでみんなにからかわれてるくらい。いちばん仲いい子なんて、同い年なのにDカップなんだよ。わたしなんてAカップでもあまるのに。クラスでも体が小さいほうだからしょうがないのかもしれないけど、もうちょっとなんとかなんないかなあ。この平らな胸のせいで、よけいにちびっ子扱いだよ。なんとかして！

-Flat in NYC
微乳＠NYCさん

A. 気持ちはわかるが

Hey, Flat,

誰でも自分の体で気に入らないパーツってあるもんだ。変えたいと思っても、残念ながらほとんど打つ手なし、という場合のほうが多いんだよね。まあ美容整形という究極の方法がなくもないけど、わたし的には抵抗がある。そんなことまでやんなくていいと思うし。
ただ、たしかにつらいよな、まわりにあーだこーだ言われると。なおさら気にしちゃうじゃんねえ。でもその気持ち、どうにか克服するしかない。平らな胸はまちがいなくあなたの一部なんだし、ほかの誰のものでもないんだからさ。他人にどう言われようと関係ない。比べたって意味ないでしょ？ 欠陥商品みたいに思うのもまちがってるよ。これもひとつの個性、そう考えるのが妥当な受けとめ方というもの。

わたしにとって大切だったのは、強くありながら女を捨てないでいること。可憐ではかない

それに、この先ずっと同じサイズだと決まったわけじゃないし。これからデッカく育って、カップがみっちり埋まるようになるかもしれないじゃない。ただし遺伝の問題もあるから、お母さんやお姉さんが巨乳じゃないなら期待薄だけどさ。それはそれでいいんだよ。胸がデカけりゃ女ってわけじゃない。
どうよ。納得いかない？ 巨乳をもてあまして、すとんとした胸にあこがれてる人だって大勢いるんだけどなあ。
へこたれてんじゃねーぞ。

Fiona

★/★ Michelle
あんたケンカ売ってんの？ 微乳オッケー！ 微乳最高！わたしはこの大きな胸のせいで不愉快なことばっかりよ。ヤリマンだのサセコだの言われてさ。今の彼氏とだって5ヶ月も続いてるのに、ひどい話だと思わない？

♥/♥ Sassy
ノーブラでホルターネックが着られるじゃん。かっこいー！

I hate my big boobs!
大きすぎる胸、大きらい！

Q. いっそ捨てたい

Hey, Fiona,

わたしの悩みは、胸が大きいこと。バカみたいに大きくて、中学生のくせにDカップ。服は7号なのに。そんなの悩むようなことじゃないって言われそうだけど、この胸のせいで毎日ほんとにイヤな思いをしてる。学校では男の子にも女の子にも、胸のことでからかわれてばかりよ。お母さんは「うらやましがってるのよ」って言うけど、そういうのとはちがうような気がする。だっていくらうらやましくたって、ほとんど口もきいたことがないような人に「尻軽女」なんて言う？ 面と向かって言われたこともあるんだよ。彼氏を寝取られるとか言って、わたしを避けてる女の子たちもいるし。そんなことするわけないのに！

男の子は男の子で、いつも人の胸をジロジロ見るの。いちばん仲良くしてる子たちもそう。廊下でわざとぶつかってきたりする。最初はわたしがトロいせいかなと思ってたけど、ぶつかってくるのがいつも男の子なんだもん。さすがに気づくよ。

どうすればいいと思う？ 邪魔だからって取りはずしできるものじゃないし。男の子たちにとってのわたしの価値って、たまたまここにくっついてる脂肪のカタマリ2個、たったこれだけなの？ 本当のわた

直面した問題すべてを解決することはできない。だけど、直面して

しはこの胸に隠れちゃって、みんなには見えないみたい。

-Desperate
うんざり！さん

A. おっぱいは無実よ
Hey, Desperate,

世の中にはいろんなタイプの胸がある。大きかったり、小さかったり、先がとがってたり、まるっこかったり、ぴちぴちしてたり、たるんでたり…いくらでも挙げられるわよ、わたし。人それぞれだけど、ちがっててアタリマエ。あなたみたいにまわりの子たちより発育がいい女の子がいたって、それも全然へんなことじゃない。だからあまり意識しすぎないで。むずかしいのは承知で言うわ。だっておっぱいがなにか悪いことした？ もちろんあなたも悪くない。これからも長い付き合いになるんだから、今から自分のおっぱいとケンカしたくないでしょ。その存在を受けいれて好きになってあげるのがはやければはやいほど、残りの人生が楽しくなるわよ。

それはいいとして、わけわかんない噂話のほうは多少やっかいだね。「バストが大きい子はふしだら」？ …バカすぎる。そもそも、人に対してその手の思いこみに走ること自体、どうかしてる。とはいえ、まさか「わたし＝グラマー≠ヤリマン」ってプリントしたTシャツ着て、片っ端からヒソヒソやってる子たちのに見せてまわるわけにもいかないでしょ（お願いだからやめてね）。結局のところ、あなたを気にかけてくれる人たちとあなた自身がちゃんとわかってれば、それでいいの。こういう噂はそのうち別の話題に代わるか、いつのまにか下火になって

みなきゃ解決のしようもないんだ。〔ジェームズ・ボールドウィン〕

いくもんなんだから。ほっときなさい。

ただし、嫌がらせの件については話が別。これって大問題だよ。本人の許可なく体に触れたり、暴言を吐いたり、そんな行為は許されるものじゃない。いい？　誰だろうが絶対、そんな権利はないんだよ。あなたの男友達もそうだし、廊下で次つぎに体当たりしてくるバカ野郎たちもそう。「男の子ってしょうがないよね」的な弁護はまったく通用しない。これは立派なセクハラだし、性的暴行。勉強する環境としても最悪。アメリカでは1972年に施行された教育修正条項第９条に違反してる。つまり違法行為だってこと。公立であれば、学校にはあなたを違法行為から守る義務があるはず。

それに最近では女子生徒をこうした行為から守るために、公立・私立を問わず多くの学校でセクハラ防止規程が整備されてきてる（規程がかえってセクハラを増長させてるようなところも、なかにはたしかにあるけどね）。クラスメイトを密告するようでイヤかもしれないけど、こうした規程の力をかりるべき状況だと思うわ。ただおとなしくしてれば自然になくなるようなものじゃないよ、この嫌がらせは。そんな目にあってる子が、ほかにもきっといるだろうし。スクール・カウンセラーか校長先生、でなきゃ信頼できる教師に、今日にでも事情を説明したほうがいい。

嫌がらせを食いとめるために、あなたひとりでやれることもあるわ。それは、笑って流したり、冗談ですませたりしないこと。そうやって不快感を隠しちゃう女の子もいるけど、ここは毅然と背筋を伸ばして！　そんなふうに人の体に触れることは許されないんだって、男の子たちにはっきりわからせるのよ。女の子の友達とつれだって歩くのもいいかもしれない。「みんなで渡ればこわくない」って、ある意味正しいからね。

自分を信じて、たくましく。

Fiona

♦/♦ Courtney
どんなに不愉快だと感じているのか、いちばん仲の
いい男の子に話してみるといいかも。味方になって、
バカたちを追いはらってくれるかもしれない。

♬/♬ SmashMouth
わたしもそれで悩んでた。そしたらママが、いいランジェリーショップにつれてってくれたの。フィッティングしてもらうの死ぬほど恥ずかしかったけど、おかげでぴったりのブラが見つかってさ。すごいよ。効果ばつぐん。かなり気持ちがラクになったもん。豊満すぎて大きな丘みたいだったのも過去の話。ぶるんぶるん波打つこともないしね。

♠/♠ NikiCool
おっぱいは女の証。恥ずかしがらないで誇りに思わなきゃ。わたしのなんてもう、小さすぎてどこにあるんだかわかんないくらい。母さんと姉さんはナイスバディなんだけどなあ。あの女らしいふたりと一緒にいると、まだまだガキんちょって気が抜けないよ。そんな自分も、それはそれで受けいれてるけどね。自分の体は一生自分のもの。もっとかわいがってあげようよ。

アドバイスなど役に立った試しがない。〔オスカー・ワイルド〕

YOUR HEAD

キモチ

生きていくこと。それはときとして、どうしようもなく不愉快だ。
フィオナ・アップルも言っていた。
「世界なんて、ゴミ溜めとどこがちがうというの。」…ゴミ溜めとは
言ってなかったかもしれないけど、まあ似たようなことを。
わたしたちは、いつだってハッピーでいられるわけじゃない。
それでいい。マトモだ。毎日が幸せ、そんな人がいたとすれば、
たいていは気持ちを押し殺しているからだ。
落第したり、友達に最低なヤツがいたり、
退屈な生活で死にそうになったり。
だけど、どんな目にあってても頭のすみではわかっておいて欲しい。
これは永遠に続くものじゃない、いつかは抜け出せるんだって。
そこからなにかを学びとることだってできる。
わたしの経験から言えば、過去につらい出来事をくぐり抜けて
きた人はほとんどみんな、前よりも強くなってる。
がむしゃらに耐えろと言ってるんじゃない。
一歩引いて、全体をながめることが必要な場合もあるということだ。
落ちこんだらひとりで抱えこまないで誰かに話してごらん。
友達や家族、先生、スクール・カウンセラー、誰でもいい。
なにがゴミでなにがゴミじゃないのか、見きわめてくれる人なら。

Fiona

Life can seriously suck sometimes. Like Fiona Apple once said, the world can be a piece of doody. (Only she didn't exactly say doody. . . .)
You can't be happy every day.
 And that's okay. If you were happy every day, you'd probably be suppressing the bad stuff.
 Remember, no matter what you're going through—bad grades, bitchy friends, boredom—it will get better. You may even learn something from it. In my experience, the people who deal with the most adversity in their lives usually come out the strongest because of it.
 But it's important to get an outside perspective on some things, so when you're feeling down, don't keep it quiet. Talk to your friends, your family, a teacher, or even a counselor—someone who will tell you what's doody and what's not.

no one believes I'm depressed

うつ病、なのに誰も本気にしてくれない

Q. 誰か助けて！

Dear Tucker,

どうも元気が出ない。一時的な気持ちの波なんかじゃない感じ。もうずっと同じ状態が続いてるし、これはうつ病だと思う。症状がぴったりあてはまる。自分でも治療法を調べたりしてるんだけど、家族は誰ひとり本気にしてくれないの。わたしが落ちこんでるのは知ってるけど、それだけのことだと思ってる。ママときたら「そういう時期なのよ」とか「そのうち気分が変わるわよ」とか、そういうことばっかり。なんでわかってくれないんだろう？ 手遅れになったらどうするつもり？

-Blue Girl
ブルー・ガールさん

もっとも偉大な祈りとは、

A. さがしにいこう

Dear B.G.,

いいだろう。君は落ちこんでる。状況は深刻だ。ちょっとばかり気分がのらないのとはちがう。打つべき手だってあるはずだ。だけど、それとこれをごっちゃにしちゃいけないよ。君のうつは誰もがわかってくれることじゃない。みんながみんな、わかろうとしてくれるはずもない。残念ながら、君がもっとも必要としてる人々が、時機を逃さずかならず期待に応えてくれるという保証はないんだ。家族のサポートを得られないのはつらいと思うけど、今の段階でそれにこだわるのはむだな努力だと思うよ。そんな時間や気力があったら、君自身が癒されることに費やすべきだね。骨折したのにまわりが信じてくれなかったら、まずいたわらなきゃいけないのは折れた足、だろ?「ほんとに折れてるんだってば!」と言ってまわるのは二の次だ。たとえて言うならそういうこと。

家族以外でケアしてくれる人をさがすんだ。学校なら先生とか、スクール・カウンセラーをはじめとするカウンセリング担当者、そのあたりだね。君の話に耳をかたむけ、手助けしてくれる青少年支援団体もたくさんある。近所で相談窓口をさがすのもいいし、ウェブからアクセスできるところもある。家族を味方につける方法も、君といっしょに考えてくれるだろう。親がなにかしてくれるのを待ってちゃだめだ。必要なサポートは、自分で動いて手に入れるべし。

Tucker

忍耐である。〔釈迦〕

うつ病

「宿題が山ほどあって、すごいうつなんだけど」。フィオナや僕のところにくる手紙には、よくこんなふうに書いてある。だけど本当はこの「うつ」って言葉、そうそう気軽に使っていい言葉じゃないんだ。一時的な気分の落ちこみとうつ病とは、天と地ほどのちがいがある。後者なら事態は深刻。早期発見・早期治療が肝心だ。うつ病の兆候をいくつか並べてみよう。

1. 悲しい気持ち・疲労感・だるさ・悲観的な考え方・絶望感・無気力・無力感が、2週間以上の長期にわたって続く。
2. 寒がりになった。
3. ひとつのことに集中したり、なにかを決めたり、ものを数えたりするのがむずかしい。
4. 以前は大好きだったことに興味を感じない。
5. いつでも友達や家族を避けている。
6. 成績が大幅に落ちた。どんどん悪くなるが放置している。
7. 体重が異常に減った、または増えた。
8. 1日中寝ている、またはまったく眠れないでいる。
9. 深酒をしたり、薬物を大量に摂取している。
10. 周囲の人々に対し、キツい態度をとったり暴力的になったりしている。
11. 気持ちは冷めているのに、体だけが性的な興奮をおぼえる。
12. 死ぬことや自殺について考え続けている。

この中で2つ以上当てはまるものがあったら、専門家の助けが必要だ。いちばん望ましいのはセラピーを受けること。セラピーでは、セラピストが君の話をまるまる1時間聞いてくれる。これは親友でもなかなかできないことだからね。
今度「うつなんだよね」と言いそうになったら、口に出す前によく考えて。本当にうつ病だと思ったら、そのときは自分から助けを求めにいくんだよ。いいね。

dropping grades
授業についていけない

Q. バカになった!?

Hey, Tucker,

3年くらい前までは、そりゃもう賢い子だったんだよ、わたし。学校好きだったし、成績はAばっかだったし。先生のご機嫌をうかがってるようなタイプじゃなかったけど、頭の回転がはやかったの。なのに中学2年生の今、なにもわからなくなってる。成績はCマイナスまで落ちこんじゃって、教室にいても先生の言ってることがひとことも理解できない。なんとかしなくちゃと思うんだけど…。

-C-minus Average
落ちこぼれさん

A. 方法はあるはず

Hey, C-minus,

学年が上がれば上がるほど、授業内容はむずかしくなっていくものだ。中学・高校では小学校より高度なことを学ばなくちゃならない。そういうふうにできてるんだよ。去年より大人になって、去年よりキツい宿題をこなす。近道なんてない。だけど、君が言うようにちょっと前までそんなに賢かったのなら、なにかほかに原因があるのかもしれない。学校生活以外のところでストレスを受けてるとか、入ってみたら想像以上の進学校だったとか、じゅうぶんな睡眠をとれていないとか。

学年がすすむということは、勉強がむずかしくなるだけじゃない。自分のことに責任をもち、自分の問題は自分で解決するスキルが求められるようになるんだ。たいていの人は君と同じよ

うな悩みにぶつかったとき、「学校が楽しくないのは学校のせいだ」と思ってしまうけど、たしかに君は頭がいいね。原因は学校じゃなく自分にあるってことに気づいてしまったんだ。高校卒業まであと4年もあるこの時期に気づいたのは、ラッキーだったよ。今からでもまだやりなおせる。

君には好きな先生っているかな？ 尊敬できる先生や学校関係者に、僕にくれたのと同じ内容で手紙を書いてごらん。具体的な対策を教えてくれると思うよ。個別指導してくれるかもしれないし、集中力訓練コースを紹介してくれるかもしれない。宿題だって手伝ってもらえるかも。いずれにせよ、今の状態がこのまま長く続いてしまうのはよくない。中学や高校は勉強だけするところじゃないんだからね。考えてもみなよ。成績に頭を悩まされなくなったら、どんなにワクワクするようなことが待ってるか…！

ここはひとつ、がんばって乗りこえなくちゃ。

Tucker

♣/♣ PetR
わたしは上級生に勉強を見てもらって、ノートの取り方から教えてもらったの。成績も上がったし、科目によっては前より授業が好きになったよ。

♪/♪ Cam
頭の良し悪しは関係ないんじゃない？ 成績なんて、とにかくどれだけ勉強したかで決まっちゃうんだよ。賢い子もそうじゃない子もいっしょくた。ちょっとどうかと思うけどね。

♠/♠ Belle
選択科目を決めるときは、おもしろそうなのを選ぶといいよ。授業に集中するのが苦じゃなくなるから。

生きていくことのむずかしさを、お互いに助け合う。

$2\sqrt{3}$

なんだ この記号…。

それ以外に生きる理由がありますか？〔ジョージ・エリオット〕

I can't take the pressure
プレッシャーに耐え切れない

Q. 親の期待

Dear Fiona,

もう爆発寸前！
うちの両親、学校のことで僕にプレッシャーをかけ過ぎなんだ。今だって選抜クラスに在籍してるし、成績はたいていAをとってて、たまにBがあるかなってくらい。友達の誰よりいい成績で、学年でもトップクラスなんだよ。なのにまだ満足してないみたい。オールAをとってさ。じゃなきゃいい大学に入れないって言うんだ。
なにからなにまで目を光らせてて、もっと勉強しなさいなんて説教する。それだけでもいい加減うんざりしてるのに、最近じゃ友達と遊ぶ時間もくれないんだ。「いちばん大切なことに専念して、120%の努力をしなさい」っていうのが親の言い分。
なんとかしてよー！

-Stressed
ストレス満点 さん

A. 話し合いだね

Hey, Stressed,

まったくやりきれないわね、同情するわ。子どもに味方してくれるのが親ってものなのに。あーあ。これ以上ガタガタ言われる前に、ともかくまず話し合ってみる必要があると思う。
ただし、このことで親を軽蔑したりしないように。子どもかわいさのあまり、よかれと思ってやってることよ。やり方がまちがってるだけ。成績表にこだわりすぎて、肝心のことが――子どもの姿が、見えなくなっちゃってんのね。

クローズアップで撮ると人生は悲劇だ。だがロングショット

いい成績をとることはたしかに重要かもしれないけど、それがすべてじゃない。いくら気になるからって、やたら子どもに押しつけるのはまちがってるわ。くつろぐ時間も大切だもの。親だからってそれをうばっちゃイカンでしょ。机からはなれてひと息つくことも許されないんじゃ、絶対おかしくなっちゃう。そんなきびしすぎるプレッシャーに耐えられる人なんかいないって。不健康だし、不必要だし、だいいちそれで成績が上がるのかっていうとかなり疑問だしね。

だからまず話し合いの場を設けて、もう少しプレッシャーをゆるめてくれるよう訴えかけてみなよ。友達と楽しい時間をすごすことは勉強の妨げにならないんだってことをわかってもらうの。そのせいでAがとれなくなるなんてことはない、ピリピリしなくていいんだよって。そこんとこゆずってもらえたら、あとは結果で証明してみせるだけ。

はい、ふかぁく息をすってー、はいてー、レッツらゴー！

Fiona

★/★ bug gin
いいかげん構いたおすのはやめて、子どもの自立をうながすべきだよね。親に言われなくたって、この人は自分でちゃんと成績のこと気にしてるみたいだし。

◆/◆ 2wack
親なら、けなすんじゃなく誉めてくれるのがほんとだよ。

I want to commit suicide
自殺願望

Q. 自殺しちゃいそう

Dear Fiona,

僕の名前はマット。うつ病に悩まされてて、自殺を考えてる。どうやってなにもかも終わらせようかって、ずっと。助けが必要なんだ。でも両親には絶対にうちあけたくない。負け犬みたいに思われたくないし、あの人たちに助けてもらうのだけはイヤなんだよ。ねえ、どうすれば思いとどまれるんだろう？ 教えてほしい。

Matt
マット さん

A. はやまるな！

Dear Matt,

ストップ！ 死ぬな！ とにかく死なないで、いい？ 今どんな状況におかれているのかわからないけど、あなたのその命に比べたらどんなことだって、とるにたりないわ。断言しとく。
抱えてる問題がどれだけ大きく見えようが、道は通じる。かならず突破口がある。実際は考えてるほどひどい状況じゃないはずよ。それにいつだって、あなたの声に耳をかたむけ、手をさしのべてくれる人が誰かしら見つかるもの。なのに自殺だなんて、はやまってそんなとりかえしのつかないことをするのは割にあわないわ。
それからもうひとつ。自殺って、人ひとりが死んでハイおしまい、というわけにはいかないのよ。あなたを大切に思ってくれてる人たちのこと、考えてみた？ あなたが死んでしまったら

どれだけ傷つくか(まわりにそんな人たちがいるという事実、素直に受けとめなさいよね)。みずから命を絶つとはそういうこと。簡単にはすまされない。気づかってくれてた人たちの心を、ズタズタにしてしまうんだからね。

たいていは両親に相談するよう言うんだけど、それがどうしてもイヤならほかをあたればいい。友達でもいいし、学校の先生、カウンセラー、医者、…信頼できる大人なら誰でもいい。知り合いに話すのがむずかしければ、自殺防止団体の窓口やホットラインがあるわ。匿名・無料で相談できるの。

くどいようだけど、死ななきゃいけないほどの問題なんてありえない。ここをなんとか乗りきれば、身にしみてわかると思う。今はとにかく、誰かの助けをかりるのよ。助けがいるってこと、あなた自覚してるじゃない。そうとなったら、あとは自分からその場に出ていくだけ。さあ、今すぐに!

ピース。

Fiona

♬/♬ DD
やめて! 命はひとつしかないんだよ。

♣/♣ Gret
死ぬなんてかっこ悪い。

♥/♥ Mile2
兄さんが自殺して、うちの家族はめちゃくちゃ。そうなってもいいの? 自殺願望に気づいて、ふみとどまろうとしてるのはえらいと思う。今度は誰かの力をかりてみようよ。

ヘルプライン(pp.202-203)を参照。

あのクラブに。〔ウェンディ・オコーナー(カート・コバーンの母)〕

I'm depressed, should I tell him?
うつ病のこと、彼に言うべき？

Q. 病気を知る権利

Hey, Tucker,

わたし、うつ病の診断を受けてるの。自分ではなんとか病気と折り合いをつけていけると思うんだけど、このこと彼氏に話すべきかな？ 本音では、こんなに混乱してる自分を彼に知られたくない。へんに心配されすぎるのもイヤ。だからこないだのデートでは、もう別れるしかないのかもって本気で考えた。自力でなんとかふんばっていけそうだと思えてからはとくにそう。そのくせ、彼にはわたしの病気を知る権利があるような、そんな気もしてる。うちあけたほうがいいと思う？ それとも、万事快調のフリで押しとおす？

-Chica
チカ さん

A. 君自身の問題だ

Chica,

僕の場合、いたって個人的なことをうちあけるかどうか決めるときは、あるルールにしたがうことにしてる。「相手が自分の助けになりうるときだけ話す」というルールだ。言っとくが、そうした事柄については「知る権利」なんて誰にもない。
現時点で最優先課題がなんなのか、考えてごらん。君が注意力を向けなきゃいけないのは、なによりも自分自身だ。うつ病の克服に全力投球するべきであって、病状をよくしてくれそうなことはなんでもやらなくちゃならない。それはつまり、自分に手をかしてくれそうな人たちでまわりを固めるということだ。たとえば家族、それに昔からの友達…。たたかう気力をうばっ

小さな狂気のカケラを授かったんだ。

ていくような人たちじゃなくてね。人間関係を維持するのは、ときとしてひどく疲れることだ。付き合いが浅いと、なおさらその傾向が強い。さしあたり必要なのは力づけてくれる人であって、君を萎えさせる人ではないよね。
だからこの問題は、話すか話さないか、それだけの話じゃないと思うんだ。君にとって彼は、このやっかいな病気をいっしょに乗りこえたいと思える相手かい？ それとも、いったん距離をおいたほうが集中できる？ うちあけることに抵抗を感じてしまうようなら、助けになるとは考えにくい。だけど彼が力をかしてくれそうだと思うんだったら、あらいざらいぶちまけるんだ。
くれぐれもお大事に。

Tucker

♠/♠ sullengirl
その気持ち、よくわかる。わたしもうつ病って診断されたから。理解と協力をえられそうな人以外にはうちあけてないよ。

♥/♥ tellit
わたしだったら話す。リアクションがどうであれ、気持ちが軽くなると思うもん。それに彼が本当にあなたを好きなら、病気のことも受けいれてくれるんじゃないかな。はやくよくなるように祈ってくれると思う。

♪/♪ Myk
うつ病って多いからね。彼だって抗うつ剤くらい飲んでるかも。

なくさないようにしなきゃ。〔ロビン・ウィリアムス〕

YOUR FRIENDS

トモダチ

仲良きことは美しきかな！ しかし友情は楽しいことばかりじゃ
ない。いい関係を維持するためには、それなりの努力が必要だ。
お互いを尊重し、理解し、意地を張らず、
思いやりをもって接すること。
僕はこれまで、思い出したくもないほど大勢の友達を
お払い箱にしてきた。
なにかひどい仕打ちで傷つけられたからではなく、相手がそうし
た努力を怠るようになったからだ。逆のパターンもあるだろう。
同じ理由で僕からはなれていった友達も、きっと大勢いるはずだ。
経験から僕は学んだ。友情とは、人間関係を結ぶことなんだ。
相手とつながること。
あらためてこう定義すると、つながっていようと努力することが
急に当たりまえに思えてくるから不思議だ。人とのつながり。
イメージとしては長く深く続いていくかけがえのないもので、
たとえて言うなら、…そう、なににたとえることもできないよ。
まさに友情とはそういうものだ。
友達は、どんなときも君の身近にいてくれる。
君が友情の扱い方をまちがえないかぎり。

Tucker

Best friends rule! But having friends isn't all
joy. It takes real work to maintain those
friendships. Respects, understanding,
flexibility, forgiveness, kindness. I've been
dissed more times than I'd like to remember by
good friends — not because they were trying
to hurt me, but because they took me for
granted. And I'm sure I've dissed plenty of my
friends for the same reasons.
 Here's what I've learned. Friendships are
relationships. It's funny how once you use the
word *relationship*, all of a sudden you start
thinking about the effort it takes. A relationship
feels like a long-lasting, deep, important thing.
Kind of like, oh, I don't know, a friendship!
 Your friends will always be there for you.
That is, if you treat 'em right.

cover up
アリバイ工作

Q. いいかげんにしてよ！
Dear Fiona,

友達が、いつもわたしにアリバイ工作をたのんでくるのよね。免許をとったばかりで、車で男の子たちのところに乗りつけるのが楽しくてしょうがないって感じ。それで家を出るとき、自分のお母さんにはわたしの家に行くって嘘をつくの。「ママから電話があったらごまかしといて」って。こないだなんて危うくバレそうになってさ、彼女がなんて言ったと思う？　ひいおばあちゃんに会いに行くなんて許さない、わたしが出かけたせいで嘘がバレたら、ぜんぶわたしの責任だって！ひどいよ。これまでずっと仲良かったし、こんなことで友達やめたりしたくないんだけど…。最近ほんっと、ムカつく。

-hermie
カーミィさん

A. そりゃそーだ
Dear hermie,

そりゃ怒って当然よう！　彼女が免許とったからって、どうしてあなたが電話番しなくちゃなんないの。ママからのさぐりの電話に備えて外出するなってそんな…もしもしィ？　あなたにだって自分の生活ってものがあるわよね。電話の前で待機してるより、ほかにもっと有意義なことがいくらでもあるっての。ちがう？　まったくなに考えてんのかしらねえ。わたしだったら彼女にこう言うわ。「あなたのことは大切な友達だと思ってる。困ってることにはいくらでも手をかしたいの（納得できる理由があれば、の話）。だけどこんなふうに四六時中アリバイ工作を押しつけるなんてフェアじゃないし、あまりにも自分勝

手よ」って。ましてや人のせいにするなんて、どう考えてもおかしいよ。両親についてた嘘がバレて彼女が大目玉をくらったとしても、あなたは全然悪くない。責任は彼女にあるんだからね！
ともかく、これ以上彼女の嘘に加担しないほうがいい。理不尽だからというだけじゃなくて、もっと重大な理由もあるの。あちこちドライブしてる最中に、車が故障したとするよね。もしくは事故。お母さんの電話をごまかした後だったから、あなたは家を出てる。するとどうなる？　彼女、誰にもＳＯＳできないわよ。道端で立ち往生。帰りが遅いことに気づいてさがしにきてくれる人は誰もいない。しかもこの場合、それこそあなたにも責任があるってことになるわ。そもそも彼女の両親が娘の居場所を把握しておこうとするのは、こういう事態を未然に防ぐためなのよ。
その子に教えてあげることね。

Fiona

★/★ Carol
ちょっとー、しっかりしなよ！ あんた利用されてるよ！
自分のことは自分で面倒みなって、言ってやれ！

♥/♥ Melissa
次にたのまれたらキッパリ断んなよ。怒りだしても気にしない気にしない。自分のまちがいに気づくべきだもん。いつまでもぷりぷりしてるようなら、それだけの子だと思えばいいじゃない。

真実の友だけ。〔シチリア島のことわざ〕

my friend is obsessed with her boyfriend
わたしの友達、彼氏のことしか頭にない！

Q. も少し遠慮してよね

Hey, Tucker,
友達に彼氏ができたんだけど、ちょっとベタベタしすぎじゃないかと思うのよねー。学校に行くときも彼が送っていくし、1日に何度も顔を見にくるし、放課後だって少なくとも9時半まではいっしょにいる。会えないときは電話。別に話すようなことがなくても電話するんだから。友達は彼に夢中だし、なんだか彼に友達をとられちゃったみたいな気分。どうにかならない？

-Losing
置いてきぼりさん

A. わかるけどさ

Dear Losing,
親友に彼氏ができて自分に見向きもしなくなったと感じるのは、イヤなもんだよね。ラブラブなふたりを祝いたい気持ちも当然あるけど、ひとりとり残されたようで急に手持ち無沙汰になる。彼氏のせいで友達が傷ついたりしやしないか、心配でもある。

だけどね、ふたりの関係をとやかく言っちゃいけないよ。いっしょにいる時間が長すぎると思っても、それは君が口をはさむことじゃない。注意したって聞いちゃくれないだろうし。そんなこと言う君に嫌気がさしたり、ひどいって思うことはあるかもしれないけどさ。このままうまくいこうがいくまいが、ふたりのことはふたりにまかせとくんだ。

わたしの皮肉は健全だわ。

それがわかったらいつまでも彼女の空き時間をねらってないで、なにかもっと別のことをしてすごそう。さっさとほかの友達を誘って遊びにいっちゃえ。君もひとり立ちするんだ。
わかったね? そら、いったいった!

Tucker

◆/◆ Happy
わたしの友達もそうだった! だから思ってることを話したの。彼女わかってくれて、またいっしょに遊んでくれるようになったわよ。

♬/♬ Mindy
その友達にしてみれば「やきもちやいてるだけ」ってことになっちゃうかもしれないよね。それってけっこう傷つく。ちゃんと今の気持ちを伝えたほうがいいと思うよ。あなたとすごす時間も作ってくれるかもしれないし、なんなら彼氏と3人で遊びにいったっていいんだからさ。

怒ってるわけじゃない。〔シェリル・クロウ〕

my friend owes me $$
友達にお金を貸してるんだけど…

Q. 借金返せ！

Tucker

親友がしょっちゅうお金を貸せって言ってくる。ふたりで買い物にいくでしょ、そうするとなにかしら買ってくれってねだるのよ。わたしがお金を渡さないでいると、大勢の前でさわぎまくってやるなんて脅すの。とにかくだめよって断るんだけど、あんまりしつこくたのんでくるから根負けして、結局お金を渡すことになっちゃう。「あとで返すから」って、そんなの口ばっかり。彼女がお金を持ってることなんかめったにないし、めずらしく持ってるときだってわたしに返そうとなんかしてくれない。全部で45ドルくらいかな。たいした額じゃないかもしれないけど、14歳のわたしにとっては大金よ。しかもベビー・シッターのバイトで苦労して稼いだお金なんだもん。どうすればいいと思う？

-**money girl**
ケチ？さん

A. ナメられてるよ

Hello, money girl. ちょっとダイジョブ？

いいかい、今後一切、その子にお金を渡してはいけない。絶対に、1セントも渡しちゃだめだ。いいね。

何度も何度も、自分のいいなりにお金を出させようとする「親友」なんているもんか。しかも断ったらどうなるか、それで脅すなんて。とんでもない！

普通ならここで、そんなだらしのない子と縁を切るにはどう話せばいいか教えるところだけど、あいにくそれだけですむ状況

幸せはお金が運んでくるわけじゃない。僕は5億ドル持ってるけど、4億8,000万ドル

じゃない。君は完全に利用されてるからだ。この次、彼女がお金をせびってきたら、その事実をつきつけてやる必要がある。

友達をなくすのがこわい？そんなの気にしなくていい。そもそも友達と呼べるのかどうかすらあやしいよ。彼女が本当に君の友達なら、言われたことを理解して二度とそんな振る舞いはしないはずだ。今の彼女のやり方では、自分から友達をなくすようなものだもの。とにかくこれ以上お金を貸さないこと。これまでに貸したお金も、きっちり返してもらうんだ。この件でどんなに君が悩んでるのか、教えてあげるといい。もし彼女が君の友情に値する子なら、きっとなんとかして借金を返してくれる。

今の関係から抜け出すんだ。

Tucker

♣/♣ Katie
返そうにも現金がないなんて、言いわけにもならないわ。身のまわりの雑用を代わってもらうとか、そういう労働で払ってもらう手もあるんだし。

♠/♠ Copa Cabana
「このバカ女、お前がバイトしろ！」って言ってやれ！

しかなかったころも今と同じくらい幸せだった。〔アーノルド・シュワルツネッガー〕

help! I just kissed my best friend's boyfriend!

友達の彼氏とキスしちゃった！

Q. 魔がさしたの

Dear Fiona,

大変なことになっちゃった！ 親友の彼氏はめちゃくちゃかっこよくてイケてる子。わたしは彼とも仲良しだから、3人で遊びにいくこともある。だけど実はわたし、ひそかにずっと彼のことが好きだったの。で、ことの起こりは昨日の夜、パーティーの帰り。彼の車で家まで送ってもらって、さよならのハグをして、…結局わたしたち、そのままキスしちゃったんだよ！ 1回きりだし誰にも見られてないけど、すっかり頭がぐるぐるしてる。これどうするべき？ 親友には内緒にしたほうがいいのかな。それともうちあける？ ほんとのこと話したらきらわれちゃうような気がするけど…どうしよう！

-S. M.

A. 自白がベスト

Hey, S. M.,

彼女に知られる可能性が少しでもあるなら、あなたから白状したほうがいいでしょうね。あなたじゃなくほかの誰かから「禁断のキス」の話を聞いてしまったら、事態の収拾がはるかにむずかしくなる。当の彼氏がうちあけてしまったり、彼女の姉妹が知って密告したり、学校の噂話で耳にしたり——さ、最悪。打つべき手を決めなきゃね。選択肢はふたつあると思う。まずひとつめ。その男の子と話して、なにがあっても絶対に、誰にも話さないと約束させること。ただしこのやり方だと親友をだますことになるし、あなたか彼のどちらかが少しでも口をすべらせたらおしまい。たったひとりに話しただけで身の破滅にな

答えがわかっているのにそれを認めたくないとき、

りかねないわ。秘密を守ることがどんなにむずかしいか、知ってるでしょ？
だからわたしとしては、ふたつめの方法をおすすめしたい。なにがあったのか彼女に話しちゃうのよ。それも今すぐに。キスしたのは1回だけで、今後は決して彼の体には手も唇も触れないって約束するの。そりゃ最初はあなたにも彼にも怒るでしょうよ。けどそのうち機嫌をなおしてくれるはず。たかがキスだもん。1回だけなんだし。もちろん絶対、絶対、絶ーッ対に2回目のキスなんかしちゃだめよ。いい？
大丈夫、どうにか落ちつくって。

Fiona

★/★Jam
キスしたことをどう思ってるのか、彼に聞いてみたほうがいいんじゃない？ 思うところがあってわざとキスしたのかも。

女の子が彼氏を振らない理由ベストテン

10位	テレビを見ながら電話でおしゃべりしてくれる。同時進行で宿題もこなせる。
9位	わたしの好きな映画にうんざりしたりしない。
8位	服を貸してくれる。
7位	いっしょに踊ってくれる。場所不問。
6位	生理前の不機嫌を非難したことがない。
5位	ダサダサの格好で会ったときも、叫んで逃げ出したりしなかった。
4位	まちがったことをしてたら教えてくれる。
3位	両親に紹介しても恥ずかしくない。
2位	泣き顔を見られても恥ずかしくない。
1位	こっちが相当ひどいことをしないかぎり、別れ話を切り出される心配がない。

人はアドバイスを求める。〔エリカ・ジョング〕

my friend is suicidal
友 達 が 自 殺 す る か も

Q. なにができる？

Hey, Tucker,

男友達が自暴自棄になっちゃってて、心配してる。リストカットしたりビールをがぶ飲みしたり、しかも誰とも話そうとしないの。どうしても話さなきゃいけなくなったときも、絶対に相手の顔を見ようとしないのよ。こんな状態なのに彼のお母さんはたよりにならない。ほんとイヤなオバサンで、息子をけなすようなことしか言わないんだもの。いろんな可能性をもってる子なのに自己嫌悪から抜け出せないでいる。なんとかしてあげたいけど、彼って女の子に惚れやすいタイプなの。へんに立ち入りすぎないで、なおかつなにか手助けできる方法ってあるかな？

-Forever Grateful!
ありがとう！さん

A. 身近にいてあげよう

Hey, Forever,

それは気が重いね。でもよく考えてごらん。たしかにその子は、なにか問題を抱えていてひどい状態にある。深刻な悩みごとがあるんだろう。だけどいちばん彼のためになることなら、君はもう実践してるじゃないか——そう、必要なときは自分がついてるって、はっきり示すことだよ。

結論から言えば、君の力で彼を救い出すことはできない。君がどんなに賢くて、有能かつ親切、世界一たよりになるすばらしい友達だったとしても、彼自身の問題は君の手に負えないんだ。誰かが目の前でくるしみ、自暴自棄になってるのを見守るのは

わたしの前を歩かないで。ついていくとは限らないわ。後ろを歩くのもやめて。あなたを

つらい。それはわかるよ。親しみを感じてる相手ならなおさらのことだ。だけど君にできることはかぎられてる。
だから、誰か彼をケアしてあげられそうな人に相談してみたらどうかな。お母さんがだめならお父さん、学校の先生、スクール・カウンセラーでもいい（いやいや、ああ見えてたまには役にたつ人たちだよ）。みんなが心配してる、それが伝わるだけでも彼には助けになるはずだ。
心配しすぎて君までまいってしまわないようにね。
ピース。

Tucker

♪/♪ Izzy
なんでそんなに落ちこんでるのか、たずねてみなよ。君からなんかアドバイスしてもいいし、うつ病関係のコールセンターを調べて、電話番号のリストを渡すのもいいかもしれない。あと、彼の長所を口に出して誉めること！

♥/♥ Rianne
なにかで読んだんだけど、自殺をほのめかされたら疑っちゃいけないんだって。いま自殺したいって言ってる人だけじゃなくて、過去に言ってた人も。だからはやく、誰かに助けてもらわなきゃ！

ヘルプライン（pp.202-203）を参照。

連れて行くかどうかわからないもの。わたしの隣を歩いて、友達でいてちょうだい。〔不詳〕

my friend's turning into a druggie
友達がヤク中になっちゃう！

Q. 昔の彼女にもどって

Help, Tucker!

何ヶ月か前、友達が今の彼と付き合いはじめたの。そいつのせいで彼女、ほんとに人が変わっちゃった。彼はマリファナを常用してて、学校でも有名なジャンキー。そんなヤツとデートしてるうちに、彼女までいろんなドラッグに手を出すようになったみたい。前からの友達（わたしとか）といっしょにいるときも口を開けばドラッグの話ばかり。ＬＳＤで見た幻覚の話とか、マジックマッシュルームがどうしたとか、マリファナがどうだとか。今はまだ、本当にあぶないことはやってないと思う。だけどそのうちコントロールできなくなるんじゃないかって心配なの。なんとかやめさせたいんだけど、わたしが口を出すとバカ扱いするのよ。昔の彼女にもどってほしいだけなのに！

-**All Worried**
心配なの さん

A. 決めるのは本人

Okay, All Worried,

うへー。友達が「らしくない」ことをやってると、イヤな気持ちになるよね。彼氏とよく似た服を着て、彼氏が好きな音楽を聴いて、まるでそいつのそっくりさんみたいになってくのを見てると頭にくることすらあるよ。君の友達は彼のドラッグでキメるわけだ。

悲しいことだけど、君にできることはあまりない。人生いろい

みんな24時間いつでもハッピーでいたいのかっていうと、

ろ、誰でも自分の選んだあやまちをふみしめていくんだ。君の心配や願い（友達にはハッピーなだけじゃなく健康体でいてほしい。当然だ。）については本人にもう話してある。彼女は聞きいれてくれなかったけど。このあと君にできることがあるとしたら、彼女が自分でものごとを見分けられるように、判断材料となる事実を集めて教えてあげることくらいだ。それでもだめなら、いつかはあきらめなきゃいけないときがくる。「わたしの問題じゃないもん、知ーらない！」ってね。彼女には好きなようにさせるしかない。そうなる前に、まともな生活をとりもどしてくれると思いたい。

幸運を祈るよ。

Tucker

P.S. 君の友達がやってるドラッグは、今でもじゅうぶん「あぶないこと」だ。1999年、ロング・アイランドのビーチで溺死者が出た。マジックマッシュルームでラリってる最中の出来事だった。ＬＳＤの服用では毎年何千人もの人たちが、緊急治療室で永遠にトリップを終えるはめになってる。加えて言うなら、ハイな状態で車を運転するのは酔っぱらい運転と同じくらい危険なことだよ。大事故を起こしかねない。

♣/♣ Heidi
その子、自分の人生を台なしにしちゃうわよ。友達のあなたがしてあげられることはひとつだけ。根気よく忠告し続けるの。2人だけのときに彼女をまず座らせといて、ちゃんと話を聞かせるのよ。

ヘルプライン（pp.202-203）を参照。

それはちがうような気がするんだよね。〔ジョン・ベルーシ〕

Tucker says: 僕の友達は今、昏睡状態だ。病院のベッドに横たわり、体じゅうチューブでぐるぐる巻き。体液の過剰分泌を緩和するために頭蓋骨には穴が開けてある。回復の可能性は25％。75％の確率で、彼は残りの一生を植物人間としてすごすことになる。彼は麻薬中毒なんかではなかった。信じられないかもしれないが、彼はあやまって覚醒剤を飲んだんだ。

僕らは薬を飲むとき、まさに飲みこもうとしてる錠剤が本当はなんなのかなんて考えもしない。ある日、化学の試験も落第するようなジャンキーが倉庫に忍びこんだんだ。エクスタシーでキメたのか、コカインを一服したのか、ともかく倉庫にいるあいだにそいつはいろいろ調合してみた。そうこうするうちに、錠剤を片づける薬瓶を取りちがえたってわけ。

恐ろしい話だと思わないか？

my friend can't say no to boys

誘われたらイヤと言えない友達…

Q. 同じことのくりかえし

Dear Fiona,

友達と最近よくケンカになる。彼女ったら毎回毎回、あまりにも簡単に男の誘いにのっちゃうんだもん。実もフタもない言い方をすれば、ヤツらが体だけが目当てで寄ってきてることはわかりきってる。なのに彼女は、モーションかけてきた人には誰かれかまわずOKしちゃうの。

で、結局傷つくのは彼女。傷つくたびに泣きついてくるから、毎回わたしまで騒動に巻きこまれるんだよね。もっと自分を大切にしなよって言うと、なんかムッとしてるし。わたしにその手の経験がないからって「セックスしたこともないあんたになにがわかるのよ」なんて怒りだす始末。自分から相談しにくるくせして、気に入るような慰めの言葉以外は受けつけないんだから。

あのバカ女にはどう話せばわかるんだろう？　彼女がやってることは「サセコ」そのもの。現にみんなかげでそう呼んでるんだよ。性病をうつされたりする前に、今みたいな行動はやめさせなくちゃって思う。これまでだってずっと、彼女が生活を立てなおせるよう協力してきたつもり。けど、もう大丈夫かなってところで、決まってまたフラフラしはじめちゃう。

同じことのくりかえしにはうんざり！　なんかいい方法、ない？

-Concerned
心配性 さん

A. はっきりさせとこう

Dear Concerned,

アドバイスなんてほんとは全然ほしくないのに、わざわざ相談しにくる人っているんだよねー。その友達がまさにそう。自分がうまく利用された、してやられたって思うとあなたのところにかけこむ。だけど慰めてほしいだけだから、「サセコ」だなんて話は聞きたくないのよ。忠告しようものなら、性的なことに関して経験が浅いだの、自分の本当の気持ちなんてわかるはずがないだの、なんやかや理屈をこねて噛みついてくる。

はっきり言ってまちがってるのは彼女。あなたが正しい。友達のためを思って注意してるんだし、あなたまで不愉快にさせられるのはおかしいわ。だいいちそんなに遊びまわってるなら、心配も当然のことでしょ？ 精神的・肉体的に健康を損ねるんじゃないかって不安は、まるきり見当はずれのものじゃないと思う。

でも、はっきりさせとこうね。これは彼女の問題。あなたの問題じゃないの。よかれと思ってアドバイスすることはできるけど、耳をかしてくれるとはかぎらない。だから、この次に彼女が噛みついてきても気にすんじゃないのよ。ああ傷ついてるんだなーと思って、できるだけ彼女のそばにいてあげるしかないわ。

仲良くね。

Fiona

「紳士は金髪がお好き」の逆で、「金髪は紳士がお好き」だって

★/★ QT Pie
たんに自分は悪くないって言ってほしいだけなんじゃないの? 誰かの言葉で自己嫌悪からラクになりたいんだよ。

★/★ Hello Kitty
自分に自信がもてないんじゃないかな。それで自分という人間の価値を確かめたくて、いい寄ってくる男の期待に応えちゃうのかもしれない。そんなことしなくても大切な存在だってこと、教えてあげなくちゃ。

Fiona says: 友達に軽くいやみを言われたり、ののしり合いになっちゃうことってあると思う。でなきゃその友達がちょっと自分勝手だったり、誰とでも寝ちゃう子だったり、…。だけど友情ってことで言えば、少々の個性に動じてちゃだめだよ。いちばん大切なのは、お互いの存在をきちんと受けとめられるかどうかってことなんだから。

ありうるわよね。〔マミー・ヴァン・ドーレン〕

my best friend is crushing on my guy!
親友がわたしの彼を好きになっちゃった！

Q. 彼をゆずろうか

Dear Fiona,

友達とお泊まり会をしたときのこと。誰でも指名できるとしたら誰とデートしたいか聞いてみたの。そしたらなんて答えたと思う？ わたしの彼だって！

どういう意味でそう言ったのか理解しようとしたし、もしわたしが彼女の立場にいたら？ って考えてみたりしたけど、もうだめ。彼とふたりきりにしちゃうのが不安でしょうがなくて。わたしは彼を信じてないのかもしれない。でもなにもないなら、あんなこと言えないんじゃない？ 彼女といっしょにいるのがつらい。もう長い付き合いだし、ずっと親友だったんだけど。

どうすればいいのかわかんないよ。いっそ彼と別れてふたりをくっつけようか？ それとも「悪いけど別の男の子にして」って言えばいいの？ ヘルプ!!!

-Me
ミーさん

A. その必要なし

Dear Me,

あ痛。お友達が超特大級の爆弾を投げてきたわけね。じゃ、対策を教えるわ。

まず彼女に噛みつきたくなる気持ちをおさえること。なんといっても親友なんだからね。その上で、友達の彼氏を欲しがるなんて、まったくもってわけわからんってことを教えてあげよう。男の子は山ほどいるけど、あなたの彼氏はひとりだけ。ほかで

真実の正しさは自明のものだ。

さがせないってことはないでしょ。あなたが裏切られたような気分でいることを、彼女に伝えるのよ。
では彼氏にはどうするか？　…なーんにもしなくていいでしょ。だって別れる理由なんかないじゃん。どう考えても彼が好きなのはあなたなんだよ。じゃなきゃ付き合ってないって。友達の爆弾発言があったからって、そこんとこは疑わないように。
がんばって乗りきんなさい。

Fiona

♬/♬ Eve
それはたんなるお世辞。彼氏のことをかっこいいって誉めてくれただけじゃん。本当の友達なら、友達の彼をうばおうなんて思わないはずだしさ。

★/★ DigIt
友達に腹をたてたりしないほうがいいよ。どれだけ好きかってえんえんしゃべり続けてるわけじゃないんでしょ？　でもこのことは絶対、彼には内緒にするべき。3人ともピリピリすることになるから。

議論の余地は生まれない。〔荘子〕

my friend betrayed me
友達の裏切り

Q. こんなのひどい！

Dear Fiona,

いちばん仲良しだった子に裏切られたの。ほんとここだけの話にしてねって念押しして彼女にうちあけたのに、その秘密をバラしたのよ！ みんなの前でベラベラ話してるのを、たまたま立ち聞きしちゃってさ。しかもそのあと、わたしの顔も見ようとしないの。泣きたくなったわ。

すごく大切な秘密だったから、彼女だけは信用できると思って話したのに。今度はわたしが彼女の秘密を暴露してやりたい。だって自業自得でしょ？ ただでさえ憂うつな気持ちなのに、向こうはあやまるどころかまったく話しかけてこないのよ！

-so very sad
チョー悲しい さん

疑惑の中では真実を語れ。

A. しかえしはNG

Dear s.v.s.,

なーんで秘密ってもれちゃうんだろうね。しかもこの人ならって信じた相手が、たいてい口をすべらせちゃうのよねー。不思議。思うに、ここでのポイントはふたつあるわ。秘密がバレてしまった痛手をどうやって乗りこえるかってことと、その友達（友達ィ？）との関係をどうするかってこと。

まあ、バレちゃった秘密はどうしようもないからねえ。消えるのを待つしかない。なかなか静まらないように見えても、どんな噂だっていずれは消えていくんだからね。これについてはくよくよしないで、忘れちゃいなさい。

だけど友達との関係については、もう少し積極的に動いたほうがいい。悩みのタネをまいた張本人なんだから、どうしてそんな暴挙に出たのか答えてもらわなくちゃ。なんとかして話し合いに応じさせるのよ。まあどんな理由があったにせよ、言いわけにしかならないだろうけどね。

もし彼女があやまってくれても、しばらく様子を見てよく考えたほうが賢明かも。大切なことを話す相手としてまた信用してもいいのかどうか。あやまってくれなかったらどうするかって？ そんなヤツとかかわるのは金輪際やめときな。ただし、仕返しに彼女の秘密を話してまわるのはよくないわよ。みんなの記憶に強烈にきざみこまれちゃう。あなたの秘密といっしょにね。そうなっても全然うれしくなんかないでしょ？

元気だしてちょーだい。

Fiona

life-or-death secret
命にかかわる秘密

Q. 裏切ることになる？

Dear Tucker,
親友の秘密を知っちゃったんだけど、口どめされてるの。本当は誰かに知らせなきゃって思う。だって人の命にかかわることなのよ。親友を裏切るようなことはしたくないけど…どうしよう？

-confused friend
頭ぐるぐるさん

A. 迷うのも無理ない

Dear confused,
むずかしいね。秘密を守るには相当な努力が必要だ。たいていの場合、その秘密をバラすとどんなことが起きるか、僕らには最初からわかってる。「ジェニーがジェフにキスした」なんていうちょっとしたゴシップなら、口をわった君にジェニーは腹をたてるだろうが、それだけの話。そのうちみんな忘れてしまう。だけどその秘密が誰かを徹底的にうちのめすような内容であれば、事情はもっと複雑だ。君が秘密をもらせば友達は怒る。かといって黙ってると友達の身があぶない。

その子に聞いてごらん。「口どめされたせいで、すごく困った立場に追いこまれてるのよ。力になりたいし、いちばんあなたのためになることをしたいの。わたしはどうすればいいのか、いっしょに考えてよ」みたいに言えばいいんだ。そうすれば君が誰かにうちあけることを許してくれるかもしれないし、ひょっとしたら誰かに相談することだって認めてくれるかもしれない。聞いてもだめなら？ ──あとは君自身が良心とたたかっ

て、選択するしかない。僕の場合、究極の選択をしなきゃいけないときは、ひと晩ぐっすり眠ってから結論を出すようにしてる。目がさめて最初に頭に浮かんだほうを選ぶんだ。
がんばってね。

Tucker

◆/◆ Julia
どんなことがあっても、彼女の希望を尊重するべきだわ。だって信頼してくれてるのよ！

♣/♣ Tracy
そんなに重大な秘密を話しておいて誰にも言うななんて、SOSを出してるようなものじゃん！ 誰か大人に話して、彼女の力になってあげなよ。

Fiona says:
どうしても必要に迫られて秘密をもらすのは、くだらないおしゃべりのネタとして暴露するのとは全然ちがうわ。誰かにうちあけて助けを求めたり、ゆがんだ状況を正しくとらえ直してもらわなきゃいけないことってあると思う。そんなときは秘密を守らないということが正しい選択なの。最初はあなたに腹をたてる人がいるかもしれないけどね。
たんに情報通の気分を味わいたいとか、会話の中心になりたいとか、誰かをこらしめたいとか、噂が噂を呼んで大きくなってくのが楽しいとか、そんな自分勝手な理由からベラベラしゃべるなら、ぜんぶ自分にはね返ってくるわよ。覚悟しときなさい。そのうちみんなからバカにされるようになる。
わたしの知るかぎり、本当に強くてかっこいい人たちは決して噂話なんか口にしないわ。自分の人生を楽しむのに忙しくて、他人のことをあれこれ言ってるヒマなんかないの。誰かが自分のことでイヤな噂をバラまいてたってぜんぜん平気、うろたえない。どんな噂も、ただ通り過ぎてくだけのものだって知ってるからよ。

友達になることだ。〔ラルフ・ウォルド・エマソン〕

I have no friends anymore
いまや友達ゼロ

Q. 新学期がこわい

Hey, Tucker!

わたしの悩みを聞いて。秋から新しい学年がはじまるけど、学校生活にもどるのがイヤなの。夏休みに入る前、仲良しだった子たち全員を敵にまわしてケンカしちゃったからよ。しかもケンカを売ったのはわたしのほう。あー、あんなことしなきゃよかった。みんなわたしのこと怒ってる。どうしよう、友達ゼロ！

-Anonymous
名なしさん

A. 当たって砕けろ！

Hey, Anon,

なんとかご機嫌をとってあやまっちゃうんだ。ケンカの原因がなんだったのか知らないけど、こだわりなくあやまればたいていは聞きいれてもらえるものだよ。まるまるひ

私たちは兄弟として、この世界に共存することを学ばねばなりません。さもなければ

と夏を越して時間もたってることだし。大切なのは、本気であやまること。

騒動の原因は自分にあるんだって書いてくれてるね。それを友達のみんなにも伝えるんだ。僕が君なら、できるだけはやくみんなに話すと思うな。

許してもらえなかったら、君は一から新しい友達を作らなくちゃならないわけだし。自分が怒らせた人と正面から向きあうのはこわいかもしれないけど、1年じゅう家に引きこもってくらすことを考えたらそんなの楽勝、だろ？

勇気をだして！

Tucker

♠/♠ Btrue
自分のまちがいを認めるのはえらい。けど一度きちんとあやまったら、この件をいつまでもむしかえしちゃいけないわ。そんなの子どもじみてるからね。

♩/♩ Callie
仲直りしないとあとで後悔するよ！ わたしも同じようないきさつで親友をなくしたことがあるの。仲直りしようと思ったときにはもう遅くて、毎日それを後悔してる。行動を起こすなら今のうち！ はやく元通りになるといいわね。

私たちはみな、愚か者として滅びることになるでしょう。〔マーチン・ルーサー・キング牧師〕

miss popularity
人気者になりたい友達

Q. なにが起こったの？

Hey, Fiona,
親友だった子に知らん顔されるようになったの。全然わたしには話しかけてくれなくなって、もっと目立つ子たちのグループに入ってる。バスでいっしょになったときは昔と同じように接してくれるんだけど、学校に着いたとたん、ガラッと態度が変わるんだよ。わたしの友達だと思われるのがイヤみたい。彼女、どうしちゃったの？

-Chelsi
チェルシーさん

A. 必死なのよ

Dear Chelsi,
派手な子たちのグループに溶けこもうとしてるんじゃないかな。そのためにはあなたと距離をおかなきゃいけないと思ってるんだよ。でもふたりだけでいるときと学校にいるときと、それぞれ態度を使いわけるなんてあまりにご都合主義。彼女をつかまえて、そんな扱いを受けてあなたがどう感じてるか話してごらん。話しても彼女が変わらなければ、こっちも同じような態度で接してあげるといい。
そこまでやらなくても、たぶんわかってくれると思うけどね。そんなグループの中のひとりでいるより、あなたとの友情のほうがはるかに大切だってことに気づくんじゃないかな、さすがに。きっともどってきてくれるよ。人気者になりたいってみんな思いがちだけど、現実には人気者だからってなにがどうなる

わたしについて誰がなにを言おうと、それが真実でないかぎり

わけでもないわ。
それからもうひとつ。もしその人気者志望の友達がすぐにはもどってきてくれそうにないなら、よそで新しい友達を作んなさいよ。あなたはマトモな洞察力があるし、人との付き合いを大切に考えられる子だもん。たいていの人はあなたの良さをわかってくれると思う。少なくとも、上っ面ばかり気にするような人以外はね。

Fiona

★/★ Pattie
うちの学校の人気者グループも、すんげーわが物顔に歩きまわってるよ。ナニサマなのって感じ。もっと別な子と友達になりなよ。バカ集団にくっついて歩かない子を見つけてさ。

♥/♥ Jon
自分の友情が君にはもったいないと考えてるような子なら、それは本当の友達じゃないんだよ。新しい友達を見つけることだね。おバカさんだった自分に気づいたら、彼女のほうから許してちょうだいって言いにくるんじゃない？

> **Fiona says:** 人気者のグループに入る。それってどういうこと？ わたしの考えを話すわ。まず自分が強くなったような気分になれる。だけどグループの一員として見てくれる他人の存在にたよってるから、実際には弱いんだけど。お仲間のおかげで自分に自信をもてたりもするでしょうね。で、グループ外の「イケてない」人たちとはいっさい付き合わず、バカにするの。でも学校を卒業したらなにが残る？ 自分がなにかすばらしい人間だっていう妄想からさめて、からっぽの自分に気づくのがオチよ。

知ったことじゃない。〔トルーマン・カポーティー〕

three's a crowd
仲良し3人組

Q. 感じわるーい…
Dear Fiona,
親友が2人いるんだけど、なんだかわたしだけ仲間はずれって気分。いっしょにいてすごく楽しくて、あんたたちもう大好き！　って思えることもあるんだけど、そうかと思うと2人が言うところの「内輪話」がはじまるの。いつまでもクスクス話しててやめようとしないし。「わたしってなんなの？」みたいな気持ちになる。どうすればいいと思う？

-Katherine
カイヘリンさん

A. ハッキリ言おう
Hey, Katherine,
あー。なんだそれ。…じゃ、こうしよう。今度また「内輪話」がはじまったら、その場で2人に言うのよ。いっしょにいてそういうのって傷つくし、仲間はずれにされてるみたいでイヤなんだけどって。ただしケンカ売っちゃだめよ。「内輪話」のせいですごく落ちこむっていう事実を知らせるだけ。あなたを気づかう気持ちがあれば話も聞いてくれるはずだし、イヤ

ずばっと!!

「こうなればいいな」と思ったことは、

な振る舞いもやめてくれると思う。
言ってもだめなら、新しい友達をさがしたほうがいいかもね。友達って毎日を楽しくしてくれる存在のはずでしょ？ 毎日重苦しい気持ちにさせるなんて、それじゃ友達とは呼べないわ。そうねえ、スポーツとかクラブ活動をするといいかもしれない。そういうのじゃなくても、ただそのへんにいい感じの子が座ってたら、なにげなーく話しかけてみれば？ 週末に映画でもどうよって。友達の輪を広げていけば、ひとりや2人や3人や4人、あなたと「内輪」になってくれる子が見つかるよ。ちゃんと友達として扱ってくれる子がね。
がんばってな。

Fiona

◆/◆ Shooby
友達に振りまわされんじゃないわよ。わたしは、自分にとって最愛の友達は自分自身だと思ってるよ。別に孤立してるとかそういうわけじゃないけど、ひとりでいるほうが落ちつくだけ。すごく快適。

♬/♬ Caroline
ほかの子と友達になりなよ。話聞いてると、その2人って最低じゃん？

♠/♠ Reg
2人のことは相手にしないで、自分の好きなことをやってりゃいいと思う。2人きりにされるとそのうち飽きがきちゃって、呼びにくるんじゃないの。はなれてるあいだに2人のことはどうでもよくなるかもしれないけどね。もっとマシな友達ができててさ。

絶対その通りにはならないのよね。〔ダイアン・アーバス〕

I'm a loner
本当の友達ができない

Q. わたし、浮いてる?

Dear Fiona,

わたしって、なんか孤立しちゃう。どのグループにも属してないの。誰かと遊びにいくことはあるけど、とくに誰とって決まってないし、親友とか仲間とかって呼べる人たちもいない。いちばんよく遊ぶ子とですら、そんなに親しいわけじゃないのよ。友達になる努力はいつもしてるつもりなんだけど、うまく溶けこめないみたい。

-**Alone**
ひとりぼっちさん

A. 自分から飛びこめ!

Hey, Alone,

あーそうなの。その孤独感、同情するわ。お気の毒さま。
自分には向かない、見込みがないって思いこんでるみたいだけど、あきらめるのはまだはやいんじゃない? 友達を作るためにやれることがまだあると思うけど。これからその方法を教えるわ。たぶんどこかで聞いたようなことばかりだけど、だからってバカにしないでちょうだい。ほんと役にたつ方法なんだから。
えーとまず、友達を作ろうと思ったらその前に、人と会わなきゃいけないわよね。当然のこととして。だけど、ただじっと待ってればいいのかしら。向こうからわざわざあなたを訪ねてきてくれると思う? 「ピンポーン」「ガチャ」「ハーイ、わたしの友達になってよ」って? ないない、そんなこと。つまり友達を作ろうと思ったら、あなたのほうからアクションを起こさ

あんたらを楽しませるために俺がきたんじゃない。俺を楽しませるために、

なきゃだめなのよ。部活に入る、スポーツ・チームに加入する、ヨガ教室に参加してみる、なんでもいいわ。自分から出かけていった先では、誰かしら気が合いそうな子たちに出会えるものよ。あとはリラックスして、相手のことをよりよく知ろうと努力すること。逆に相手があなたのことを知ろうとしてきたら、心を開いて受けいれてあげること。

そうこうしてるうちに本当に仲良くなれそうな子が見つかったら、そこでまた努力。そうそう簡単に友情が手に入ると思ったら大まちがいね。コミュニケーションをとり、相手の話に耳をかたむけ、お互いにゆずり合う、それが友情。あなたが思い描くとおりの、カンペキな友達は見つからないかもしれない。でもカンペキかどうかなんてどうだっていいことでしょ。いちばん大切なのはその子が身近にいて、あなたの存在を肯定してくれるってことよ。

健闘を祈るわ。

Fiona

★/★ JackieJ
それわかる。同じように感じてる子ってたくさんいると思うよ。だから自分だけがちがってるなんて思わないで、みんな同じなんだって考えてみなよ。

あんたらのほうからやってきたんだろ。〔ジョニー・ロットン（Sex Pistols）〕

Tucker says: 君も誰かにアドバイスを求められることがあるかもしれない。そんなとき、思い出してほしいことがある。人の悩みというものはケース・バイ・ケースであって、それぞれにいろんな要素がからみ合ってできているということだ。一見それがよくある悩みで単純明快なものに思えたとしても、悩んでる当人にとってはそうじゃない。だからアドバイスをするときの第一原則は「相手の話を聞く」、これに尽きるんだ。たかだか20秒かそこらで悩みを解消させてやろうなんて思わないこと。口をはさまず、良いとか悪いとかあれこれ批評したくなる気持ちをぐっとこらえて、相手の話をじっくり聞こう。「これって前も誰かが言ってたな」なんて思ったとしてもね。

肝に銘じておくことがもうひとつある。君が解決策を見つけてあげられなくても、それはそれでかまわないんだってこと。悩みを相談する人の10人に9人は、どうすればいいかあらかじめわかってる人たちなんだ。ただその答えに確信をもちたくて、誰かに話さずにはいられない。だから、「まじめに話を聞いてくれた」「本気で心配してくれた」ということがわかるだけで、君はじゅうぶん助けになることができるんだよ。

I am I

you are you

YOUR CRUSHES

レンアイ

「なにをどうまちがえたって絶対にタッカーとはデートしたくない。
来世でもあんただけはお断りよ！」って思ってる子がいたとする。
いちばんいい方法は、僕のところにきてこんなふうに言うこと。
「わたし、あなたのことが大・大・大・だあーい好きなの！ほんと大好き！
あなたが好きなのーッ！」──どんな男もこれで逃げる。
こんなセリフを吐くヤツは、決まってウルウルした目で相手を見つめながら話すんだ。
まるで「僕だって！君のことが大・大・大・だあーい好きだよ！」とでも
答えなきゃ人の道からはずれるみたいな、期待に満ちたまなざし。
これじゃ、いつ暴発するかわからない爆弾をつきつけられたも同然だ。
とんでもないプレッシャーだよ。
逆を考えればわかるだろう？
ろくに知らない男からそう言われたら誰だっておどろくし、おびえてしまう。
だから君がもし誰かを好きになったら、最善の方法はまず言葉以外で
アプローチすることだ。言ってることわかるかな。
相手を知りたい、理解したいという姿勢を見せることで好意は伝わる。
同時に相手にも、君のことをよく知るチャンスをあげるんだ。
お互いの理解が深まって次の段階にすすみたいと思えたら、
相手にも自分にも自然にタイミングがつかめるものだからね。

Tucker

Anyone who never wants to go out with me in a zillion years, do this: Come up to me and say, "I really, really like you. A lot. Like, I really, really like you." This is the fastest way to send any guy running. When someone tells you something like that, it's usually followed by a stare, like you're supposed to say the same thing right back. It's like an insta-pressure bomb. And it can be a huge shock coming from someone who hardly knows you at all.
If you have a crush on someone, it's best to say it without really saying it — know what I mean? Show them you're into them by getting to know them. And by giving them a chance to get to know you. If it turns out you get along and you want to take it to the next level, you'll let both know it soon enough.

I'm crushing on the new guy
転校生が気になる！

Q. ハッキリしろ

Hey, Tucker!

男の子が転校してきたの。ルックスもよくて、ほんとわたしのタイプそのもの！　向こうもわたしのこと気にいってくれてるみたい。同じクラスで仲良くなりはじめたばっかりなんだけど、わたしに惚れてるとしか思えない素振りを見せることもあって、お互いかまいあってイチャイチャすることもあるのよ。いやーん♪　だけどいつでもそうってわけじゃないの。男友達といっしょにいるときは、わたしなんか眼中にないって感じ。わたしは彼と付き合いたいんだけど、なに考えてるのかいまいちよくわかんないのよね。

----Spaced----
余白さん

A. 忙しいんだよ

Hey, ----Spaced----,

まあまあ落ちついて。転校してきたばかりだし、要するに彼は「男の子」なんだよ。彼女をさがす前に男友達や女友達を作り

世界を動かすのは愛じゃなく情熱だ。ただし

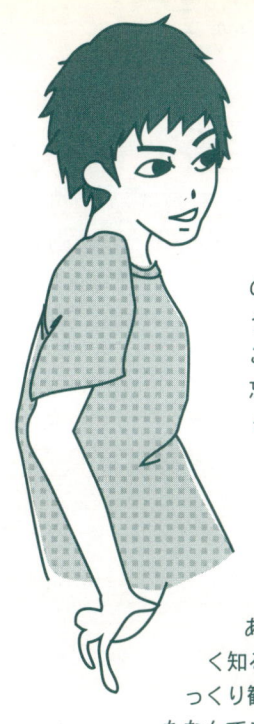

たいんだ。もちろん君のことかわいいと思ってなきゃイチャイチャしたりしないだろう。だけどいくらかわいくたって、いっしょにいたいと思うかどうかは別の話だよ。まだあまり君のことを知らないし、君だってそんなにくわしく彼のことを知ってるわけじゃないだろう？

この時期、彼は忙しいんだってことを忘れないように。新しい友達を作らなきゃいけないし、自分をかっこよく見せたいだろうし、それなりの成績もとらなきゃいけないし、女の子たちとイチャつきたい気持ちもあるし、部活も決めなきゃいけないし、ほかにもまだまだたくさんある。君はとりあえず、彼のことをよく知るところからはじめればいいんだ。じっくり観察してみたら全然タイプじゃなかったなんてこともありうるしね。それでもやっぱり彼のことが好きで、向こうもあいかわらずちょっかいを出してくるようなら、そのうち進展があるだろう。
ともかく今んとこ、待つしかないってことさ。

Tucker

◆/◆ Buffy
はやいとこつかまえとかないと、ほかの子にとられちゃうよ！

愛があれば、俺たちは安心して生きていける。〔Ice-T〕

is he over her yet?

彼、失恋から立ちなおったかな?

Q. ねえ、まだ?

Okay, Tucker,

男の子が失恋の痛手から立ちなおるには、どのくらいかかるのかな? 女の子の場合はふっきれるまでにけっこう時間がかかると思うんだけど、男の子も同じくらい? …っていうのも、わたしが片思いしてる子は最近振られたばっかなのね。どのくらい待てばアタックしていいのか知りたいの。前の彼女とは、そんなに深い仲でもなかったみたいだけど。

-Waiting
うずうずさん

A. モーションかけよう

Dear Waiting,

うーん申しわけないけど、はっきり何週間とは言えないな。ケース・バイ・ケースなんだよ。わかると思うけど。男の子もいろんなヤツがいるからね。心底惚れきってる相手ならいつまでたっても完全には忘れられないかもしれないし。その場合、見た目には立ちなおったように見えても、どこかでまだ忘れら

どうしても手に入れたいものがあるなら、どんなわずかな可能性にも

れないでいるもんだよ。かと思えば根っからの遊び人だったり、かるーい付き合いでしかなかった場合は、ヘタすると別れた翌週には相手の苗字を忘れてたりする。要するに新しい恋の準備ができてるかどうかなんて、誰にもわからないのさ。
「それならあたしはいつアプローチすればいいのよ」って、そんなの簡単さ。じりじり様子をうかがってないで、さっさとアタックしてみればいい。心配しなくても最初の30秒で答えがわかるはずだ。うまくいきそうかだめそうかなんて、感覚的にわかる。
次の恋をはじめられるかどうか、彼自身に考えさせよう。
じゃあね。

Tucker

♪/♪ Cam
彼と親しければわかることだけど、当人から前の彼女の話ばかり出るようならまだ立ちなおれてないんだと思うわ。わたしなら少なくとも1〜2週間は待ってみる。様子を見守って彼の機嫌がよくなってきたら、アタック開始！

♬/♬ Pssst
ちょびーっとだけモーションかけてみたら？ 向こうがはねつけないで応えてくるようならOKってことだよ。でも実はまだワダカマリが残ってるかもしれないから、じゅうぶん気をつけてね。元カノへの当てつけのつもりで利用されちゃうかもしれない。

★/★ JJ
たいした仲じゃなかったんなら、とっくに
次の相手をさがしてるんじゃないの。のん
びりしてると出遅れるよ！

すべてを賭けてみるだけの勇気をもちなさい。〔ブレンダン・フランシス〕

my best friend is crushing on me
親友に片思いされてる

Q. やっぱりオトモダチ

Dear Tucker,
昔からの親友がいるんだけど、男の子なのね。わたしに片思いしてるってことが最近わかっちゃって…。本人からはなにも聞いてない。彼の友達に聞いたの。口どめされてるし、わたしが知ってるなんて彼は夢にも思ってない。友達として大好きな人だけど、異性として意識する気にはなれないんだよ。これからどうすればいいんだろう？ 気づいてることを知らせたほうがいいのか、それとも彼からなにか言ってくるまで黙ってたほうがいいのか。わたしとしては正直な気持ちを話して、友情を大切にしたいんだけど。どうすればいい？

Slurpy
ステキッ子さん

世界のために打ち明けなくてはならないこともあれば、

A. これは彼の恋だ

*Slurpy*よく聞いてくれ。

君から動いちゃだめだ。本当なら知るはずじゃなかったことをちょっと聞きかじっただけだろ？ どこかのおせっかいが、いちばん言っちゃいけない相手に秘密をもらしただけのこと。

片思いしてるのは君じゃなくて友達のほうなんだから、主導権は彼にある。わかるかい？ これは彼の恋であって、君の恋じゃないんだよ。向こうからその話を持ち出してこないかぎり、話題にしちゃいけない。そもそも、告白するところまでいくかどうかもあやしいじゃないか。彼の中であっという間に冷めちゃう恋かもしれないし。君はただこれまでどおり彼と接するしかない。そんなに大切な親友なら、少々のことで接し方を変えてしまうべきじゃないよ。

もし君がなにか口走ってしまったら、彼をひどく傷つけてしまうことにもなりかねない。そうなれば友情まで危うくなる。彼の秘密を君にリークしたお節介なヤツの話題も、避けるべきだろうね。

いいかい、黙ってるんだよ。

Tucker

♣/♣ Fashion Nugget
その子に不審な態度を見せちゃだめだよ。すぐにカンづかれる。デートに誘われるまで待って、そのとき思ってることを伝えればいいじゃない。

決して口に出してはならないこともある。〔ジョニ・ミッチェル〕

a loser wants to hook up with me
ダメダメ男にいい寄られた

Q. ブーちゃん好き!?
Tucker!

ある男の子にアタックされてるんだけど、それがほんとダメダメ男でさ。青白ーい顔した変わり者で、ブチャイクだし、わたしの理想とは百万光年かけはなれてるの。なのにわたしいつのこと、ちょっとかわいいじゃんなんて思っちゃってる！ どうして彼はわたしのこと好きなのかな？ ていうか、なんでわたしいつが気になったりする？？わけわかんない！

-Kitty
キティ さん

A. それでこそ恋！
Kitty!

人の好みに合理的な理由はない。——人生におけるもっとも重要な法則のひとつだ。君はこの法則を体得したってわけさ。恋愛感情に決まった公式や根拠なんてないんだよ。誰かを好きになるという現象は毎回毎回ちがっていて、理屈じゃ説明できない。だけど、それがどうしたっていうんだ？ 100％理想通りの相手にしか惹かれないとしたら、恋なんてどれも退屈なものになってしまう。わかりきったことばかりなんだか

現実は想像をはるかに上まわる。

ら。恋愛の醍醐味は、思いがけないところであのゾクゾク感がおそってくるところにあると思うんだけど。
君に言いたいことがもうひとつ。友達やまわりの誰かれが、そんなショボい恋はやめろとか、もっとマシな男にしろとかうるさく口を出してきても、いちいち真に受けてちゃだめだよ。これはあくまでも君の恋愛問題であって、他人のものじゃない。ただし相手の男の子がすごく意地悪なヤツだったり、平気で人を傷つけるようなヤツだったら、火遊びは中止。たんにちょっとへんなヤツってだけなら、付き合ってみることをおすすめする。うまくいくかもしれないよ。もしくはうまくいかなくて、結局別れちゃうことになるかもしれないけどね。「なんであんな男に惚れたりしたんだろう？ くっそー、あたしのバカバカ！」なんてこともありうる。まあ、五分五分だよ。
あれこれ楽しく悩んでくれ。

Tucker

★/★ Sugar
色白でもいいじゃん！

♩/♩ Susie
えーとわたし、その手のブチャイクともう3年も付き合ってるんですけど。文句ある？ ブチャイクなおとぼけ野郎も、けっこう楽しいわよ。たとえば映画館にいくでしょ、ヤツがポップコーンこぼすでしょ、わたしのほうに寄ってきてひろうでしょ、そんで自分の席にもどるとき、「おお、ちょっと手がすべった」みたいにわたしの手をにぎってきたりすんのよ！ くうーッ、にくいヤツ！

I'm falling for my friend
友達を好きになったんだけど…

Q. くるしい恋心…

Dear Fiona,

かれこれ10年ちかい付き合いの親友がいるんだけど、その子のことが頭からはなれなーい！　わたし、どうも彼に惚れちゃったらしいんだよね。夢にも出てきた。デートするかなんて考えると今さらへんな感じだけど、あんまり仲いいから知らない人には付き合ってるようにしか見えないと思う。

だってなんでもいっしょなんだよ。はじめのひとことだけでなにが言いたいのかお互いわかるし、小さかったころの思い出話もするし、笑いのツボも同じだし。哲学っぽいようなバカげた質問もできるし、とにかく彼にはなんでも話せる。

だけど問題は、これまでずっと友達として接してきたってことなの。恋愛対象に入らないって言われるのもつらいし、それどころか親友としても距離をおかれるなんてことになったら？　…耐えられないもん。

この気持ちがどうなるのか成りゆきを見守ろうと思ってたけど、なんだかどんどんひどくなるみたい。今に自分がとんでもないことをしでかしちゃいそうでこわい。どうしよう！？

-A. C.

A. 笑い話にしちゃえ

Dear A. C.,

なるほどね。確実に言えるのは、アクションを起こさなきゃずっとこのまんまってことよ。そっちのがつらくない？

書いてくれたように仲がいいなら、あなたの気持ちに応えられなくても彼はそんなに長くこだわらないと思う。ほんの一瞬よ。信じてちょうだい。なんたってわたし、何年か前にまったく同じ経験をしたことがあるのよね。わたしの場合、結局彼とそういう仲にはなれなかったけど(ほんと、そうならなくて良かったと思ってる)、それで友情にヒビが入るなんてことはなかったわ。はじめのうちこそちょっと妙な雰囲気だったけど、今じゃ冗談にしてるもんね。かえって前以上に仲良くなってる。
そんなわけで、そうやって固まってちゃだめ、とわたしは言いたい。アタックしてみようぜ。
幸運を祈ってるよ。

Fiona

♦/♦ Cagey
親友にキスしたら、その後まったくしゃべらなくなった。わたしだったら友達のままでいようとすると思うな。そのほうがまだマシってこともあるんじゃない?

♣/♣ Patsy
彼に気持ちを伝えるべきだと思う。もしかしたら彼も同じ気持ちで、隠してるだけかもよ。聞かなきゃわかんないでしょーが。

♥/♥ Trick
とりあえず遊びにいって、彼の手をにぎってみなよ。そんで目を見る。彼がどう感じてるのかわかるんじゃないかな。いけそうかどうかってことがさ。

Tucker says: 誰かと長くいっしょにいて、お互い裏も表もわかりあえてると思うと、なんだかソレっぽい気分になることがあると思う。でもよく考えてみる必要があるね。ケンカした彼氏とは別れるしかなかったりするけど、ケンカした友達とは仲直りできるんだよ。

不安に、打ち負かされちゃいけない。〔ベイブ・ルース〕

YOUR DATING DILEMMAS

デート

中学生や高校生のうちは、誰かと付き合ったりデートをしたり、
そういうことがなにより大切な一大事に思える。
でも一歩下がって広い視野に立てば、それがすべてじゃないと
わかるはず。ほかに大切な検討事項が山ほどあるからよ。
たとえば学校について。たとえば友達について。
たとえば、自分から習いはじめたギターについて。
なによりそうやってほかに目を向ければ向けるほど、
深さも奥行きもあるひとりの人間としてあなたは磨かれていく。
他人を惹きつける魅力なんて、そこから自然に生まれてくる。
心配しなくてもいい。夢の王子様探し／お姫様探しにかけずりまわ
るくらいなら、自分が夢の王子様／お姫様になればいいのよ。
いろんなテーマに取り組んで自分を磨けば、
まわりはかならず目をとめる。
そしてあなたが望もうが
望むまいが、相手は向こうからやってくる。
恋愛遍歴の豪華さ
ではなく、あなたの豊かな人間性にひき寄せられて。

Fiona

When you're in high school, hooking up with and dating someone can seem like the most important thing ever. But in the grand scheme of things, it's not everything. You've got a lot more important things to worry about. Like school. Like your friends. Like those guitar lessons you've been meaning to take.
 And the thing is, the more you focus on those parts of your life, the more complete and interesting a person you'll be. And that's what makes you attractive to other people, anyway. So instead of looking for someone special, why not work on the things that makes you special? People will notice you for that, not because of who you've hooked up with. And believe me, you will be found whether you want to be or not.

I'm dreading my dinner date

彼と食事にいくの…

Q. 恐怖のディナーショー

Dear Fiona,

わたしの恐怖症が原因でこれまでずーっと避けてたんだけど、とうとう決行しなきゃならないの。いよいよ、ついに、彼とディナーなのよ！ ディナー！ うう。まともなデートなんてわたし初めてだし、食べるのヘタだから男の子と食事すること自体が大の苦手。やっぱり普段と同じ食べ方しちゃだめだよね？

-Eating Distress
ごはんコワイさん

A. 恐れるに足らんよ

Hey, E. D.,

ワーオおめでとう。大好きな彼とついにデートなのね。きっと楽しいわよー♪ あなたが別のことに気をとられて、ピリピリしてなければ、の話だけど。だから人前での食事にしりごみしちゃうっていうその苦手意識は、なんとか克服しなくちゃ。最近じゃ常にダイエットしてるのが当たり前みたいな風潮があって、そのせいで「食べる」という行為がなにか恥ずかしいことのように思われがち。いたってノーマルな行為だし、生きてくためには欠かせないことなのにね。（ちなみに娯楽として世間で認められてるグルメとかそういうのは話がまた別ね。）

で、まさか一晩じゅう自分の食べ方に神経をとがらせるわけにはいかないけど、メニューを選ぶにはちょっとしたコツがあるわ。被害を最小限にくいとめるための豆知識。次の3つは避けましょーね。①スパゲティ（からまったりズルズル音がしたり、麺類はなにかとやっかい）、②貝・エビ・カニ（殻がついてる

ベイビー、君がもどってきてくれるなら、晩飯代わりに

やつ。貝の中身をほじくり出したり、ロブスターのハサミ部分を割ったりするのは、ちょっと冒険よね)、③和食(箸の扱いによっぽど慣れてるんでなきゃやめとくべきね。すました顔に食べ物が飛んでくるかも)。あと、サラダだけっていうのもだめ！ 自爆するようなもんよ。デートの終わりまでお腹がごろごろ鳴り続けちゃう。漫画みたいなお決まりのオチよね。緑色の立派な繊維が歯にはさまったりするし。

だけどなるべくなら、なにをたのもうとか食べ方がどう見えるかなんてことは気にしないで。誓って言うけど、彼はそんなこと気にしたりしないわよ。つまんないことに気を散らしてないで、初めてのデートの味をしっかり味わんなさい。わたしから贈る最強のアドバイスは、「ビビってるヒマがあったら楽しめ！」ってこと。

Fiona

♠/♠ KIR
わたしの彼に言わせれば、彼氏の前で本気出して食べる子ってわたしが初めてなんだって。だからいっしょに出かけるの楽しいって言ってくれてるよ。

♥/♥ Thomas
オロオロしないで、いつも通りに振る舞いなよ。彼はあるがままの君を好きになったんだからさ。別人みたいにしてたら、もう君のこと好きじゃなくなっちゃうかもしれないじゃん。

キスするよ。〔ジミ・ヘンドリックス「Remember」より〕

he won't pay for me
わたしの彼、なにもおごってくれないよ

Q. すげーケチ

Dear Fiona,

3ヶ月近く付き合ってる彼氏と、しょっちゅうデートしてるの。彼のことは大好きなんだけど、問題はお金を払おうとしないこと。映画見にいこうぜとか、晩ごはん食べにいかないかとか、ランチいっしょにどうとか、誘ってくれるのはうれしいんだけどわたしの分は払ってくれないのよっ！ おごってくれたのは１回だけ、初めて映画に誘われたとき。その日から今日まではずっと今の調子。
この週末は家に遊びにくる予定なんだけど、わたしの財布はからっぽなの。どうすりゃいいっていうの？

-Katie
ケイティーさん

A. カンちがいしてない？

Hey, Katie,

なるほど。彼氏がなにもかもあなたに払わせてるっていうことなら、向こうに問題ありね。デートのたびに２人分の出費をあなたが負担させられてるんだったら、彼と話し合わなきゃ。だけど書いてくれてることを読むかぎりでは…もしかして「デート代はぜんぶ男の子が払うもの」って思いこんでない？ それも問題よ。
たしかに昔は男が払ってた。女性には給料がもらえるような仕事がなかったからよ。家で炊事洗濯と子育てをやってたの。でも女性解放運動が広まって、現代では男も女も対等ってことになってる。だからワリカンにするのが正解。あなたが家に閉じ

楽しいことに飛びついてなにが悪いというのだろう。バカ丁寧な下調べを重ねる

こもって、彼のゴハン作りに専念したいのなら好きにすればいいけど。
ワリカンにするといっても、割ったり掛けたりそんなややこしいことをしなくてすむ方法はある。いちばんいいのは払う順番を決めることね。たとえば彼があなたの分の映画のチケットを買ってくれたら、次に入ったピザ屋ではあなたが彼のピザ代・ドリンク代を払うの。こうすれば2人ともデートが楽しくなると思うわ。お勘定のことで気をもまなくてすむから、いっしょにいる時間をゆったりすごせるし。リラックスして楽しめることがデートではいちばん大切でしょ？
じゃあね。

Fiona

あいだに、どれだけの幸せがこわれていくことか。〔ジェーン・オースティン〕

♣/♣ Vanessa
全然おごってくれないなんておかしいよね。
そんなの友達といっしょで、特別扱いされて
ないみたいじゃん。

♪/♪ Sirly
勘弁してよ、なーに寝ぼけたこと言ってん
の？ なにからなにまで男に依存して生き
てくつもり？

セイディ・ホーキンスを知ってる？

11月の第一土曜日は「セイディ・ホーキンスの日」。このイベントは1930年代に連載された漫画「リル・アブナー」（アル・キャップ作）から生まれました。この日、未婚の女性（漫画ではセイディ・ホーキンスという名前の女性）が独身男性を追いまわす権利を獲得します。つかまった男性は、その女性と結婚しなければなりません。このストーリーが世に広まり、女の子が男の子を誘うダンス・パーティーのことを今日のアメリカでは「セイディ・ホーキンス」と呼んでいます。

まてーっ
まてまてまてー‼

I'm dating two guys
フタマタ

Q. 選べないよ

Dear Fiona,

現在フタマタ中。今のところ、どっちもお互いの存在に気づいてない。こんなことして申しわけないと思ってる。2人のうちどっちかひとりに決めるべきよね。わかってるけど、できないの。過去にけっこう痛い目にあった経験があるから、付き合う相手は慎重に選びたい。本当にいっしょにいたいのがどっちなのか、ちゃんとわかってるつもりよ。でも選んでしまったら、もうひとりにはどう接すればいいの？ 共通の友達もたくさんいるし、ひどい女って思われたくない。わたし、どうすればいい？

-Confused in NJ
ニュージャージーの困ったちゃん さん

釣り糸をたらすか餌を捨てるか、

A. 堂々と迷おう
Hey, Confused,

フタマタかけてたって、そのこと自体は全然悪いことじゃないわよ。みんなが承知の上ならね。それがフェアなやり方ってもんでしょうが。すぐにでもバラしちゃいなさい。誰も傷つけたくないなら、これがいちばん無難な方法よ。

当然可能性としては、うちあけたところで両方に振られることもある。最初からだましてたわけだからさ。だけど、もし2人が「それでも付き合いたい」と言ってくれたなら、はやく1人を選ばなきゃなんてあせらなくていい。自分にとってより正しい相手はどっちなのか、じっくり時間をかけて見きわめればいいの。よくよく考えたらどっちもイヤだわ、えーい両方とも捨てちゃえ！ってなこともありうる。わかんないわよー。

なんにせよまわりの人間にどう思われるか、そんなのを判断材料に使ったりしないように。

あなたの人生でしょ？

Fiona

♦/♦ Hiawatha
いっしょにいて落ちつくほうとだけ付き合うべきだと思うけどなあ。だってフタマタがバレたら、両方から捨てられちゃうかもよ。

♪/♪ TJ
「正直者は得をする」って言うじゃん。あれ真実だと思う。

どちらかにしなさい。〔アメリカのことわざ〕

my best friend's ex
親友の元カレ

Q. おさがりでもいい

Dear Fiona,

この間までわたしの親友と付き合ってた男の子が、今はわたしのことが好きなんだって。いい感じに付き合っていけそうだから、わたしとしてはデートしてみたいと思ってる。だけど友達にはきらわれたくないし…。どうすればいい？

-Confused in Alabama
悩める人＠アラバマ さん

A. 彼女は不愉快だよ

Dear Confused,

やっぱりその友達は怒るんじゃないの。元カレとたいして真剣に付き合ってなかったとしても、散々な別れ方だったとしてもね。どっちがどっちを振ったとか、付き合ってた期間がどのくらいだったとか、そういうことは問題じゃない。当人が「もうふっきれた」って言ってても同じ。あなたにとって本当に大切な人はどっちなのか、よく考えてみることね。うれしいときも悲しいときも、ずっとそばにいてくれた親友をとるか、最近ちょっといいなと思っただけの男の子をとるか。

友達のほうが大切なら、その子の気持ちを考えて彼とは距離をおかなきゃ。自分だったらこうしてほしいと思うことをすればいいのよ。彼女と付き合ったことのない男の子をさがせばいいじゃん。

じゃーね。

Fiona

自分を守りたいのなら、塀を張りめぐらせるよりも

♥/♥ Tru
親友なんだから、まず元カレのことをどう思ってるのか聞くべきだよ。まだふっきれてないなら、近づいちゃだめ！

★/★ Candy
本当の親友なら、そんなこと気にしないと思う。どうでもいいもん。だって別れたんでしょ？

♠/♠ Leftover
元カレに気があるってこと、もう気づかれてるかもよ。デートすることになったらどう思うか、友達に聞いてみなよ。

Fiona says:
「親友の元カレと付き合うのってどうよ」
多いんだよね、この質問。わたしの答えは99%「ノー」。友達の気持ちより恋愛関係を優先させるなんて自分勝手だと思う。友達ともギクシャクしちゃうし。たいていはそうまでして手に入れる価値がなかったりする。ほんとに。
だって親友は死ぬまで親友だけど、彼氏はかわっていくでしょ？（残念だけどこれ真実よ。）男の子なんて腐るほどいるわけだから、いいじゃん別に。どの子が友達とデートしたのか、わからなくならないようにしないとね。友情をこわしかねないケースもあるから要注意だわ。

友情の垣根を作りなさい。〔チェコのことわざ〕

I dig bad boys
不良好き

Q. バッド・ボーイズに弱い
Dear Tucker,

2ヶ月前まで付き合ってたのは問題だらけの男の子。家族に暴力を振るって、16ヶ月も矯正施設に入ってたわ。わたしには手を上げたことなかったけど。そして今わたしが付き合ってる次の彼氏も、高校を退学になってる。おまけに車を盗んで、重窃盗罪で警察沙汰を起こしたりしてるの。自分が同じあやまちをくりかえそうとしてるような気がする。それでもやっぱり、今の彼と付き合ってみるだけのことはあるのかな。それとも深入りする前に別れたほうがいいと思う？ 考えを聞かせて。

-Confused
悩んでますさん

A. 広い視野で
Dear Confused,

君自身、ちゃんと答えを出せてるようだね。僕からはっきり告げてほしいならダメ押しするよ。その子と付き合うことで自分にどんな影響があるか、もう一度よく考えなおしたほうがいい。それから、あらためて自分に問いかけてみよう。どうしていつもそんな男の子にばかり惹かれてしまうんだろう？ これまで付き合った相手のうち、少なくとも2人が重大な違法行為を犯してる。君が自覚してる以上に、この事実から見えてくる本音がある。法に触れたりしない「いい人」は、君にとって恋愛対象に入らないのかな？

ギリギリの崖っぷちで生きてたり、暗い過去があったり、危険な匂いのする男の子とのデートは、たしかに抗いがたい魅力が

人生には、スピードを上げることよりも

ある。それは認める。だけどそのスリリングな気持ちやワクワク感は、犯罪者を相手に選ばなくたって味わえるものなんだ。不良じゃなくても、「いい人」の中にだってそんな魅力は見つけられる。そっちを選んだほうが賢い選択といえるだろうね。視点を変えられなければ、君は多くのリスクにさらされることになるんだよ。自分まで問題に巻き込まれかねない。最近もオレゴン州で、２年の実刑判決を受けた女の子がいる。まだ17歳。銀行強盗をして逃げる彼氏のために、車を運転した罪に問われたんだ。このままじゃ君は家族を心配させることになるかもしれないし、ひどく傷つく結果に終わるかもしれない。自分が付き合ってる相手がまた矯正施設や刑務所に放りこまれることにでもなったら、つらいだろう？
頭を冷やして、考えなおすんだ。

Tucker

♦/♦ Monica
ワル、ばんざい！ 最高じゃん。

♣/♣ Karim
犯罪に手を染めたりしない「バッド・ボーイ」な人っているわよ。つっぱしって生きてても、物事の是非がちゃんとわかってる。そんな子を見つけなよ。

大切なことがある。〔マハトマ・ガンジー〕

Tucker says: 「ワル」ばかり追いかけてしまう女の子がいる。僕にはその理由がわかる気がする。まわりから不良だと思われてる男の子とデートすると、自分まで不良になったような気になれるんだ。しかも、自分自身はそう危険なことに手を出さないままでね。言ってみれば、「ワル」な相手の雰囲気だけ拝借して、自分の身にまとっているようなもの。
理由はほかにもある。「悪」の中に思いがけないひとかけらの「善」を発見するのはうれしいものだ。タトゥーで埋まった腕が芸術作品を生み出したり、ハーレーにまたがった男が意外に繊細な心の持ち主だったり、いつもえらそうなクラスメートがぬいぐるみに名前をつけてたり。なんとなくわかるだろ？
だけどじゅうぶん気をつけなきゃならない。良い面にばかりフォーカスしすぎるのは危険なことだ。君自身の幸せといういちばん大切なことを見失ってしまう可能性がある。くれぐれも注意してほしい。

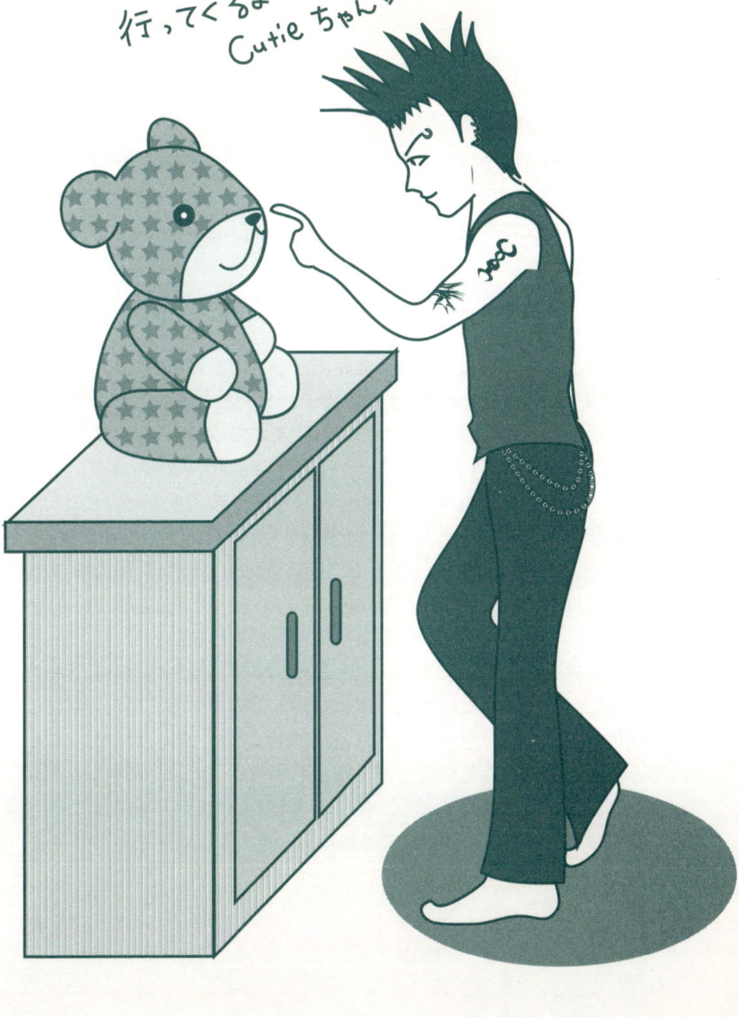
行ってくるよ
Cutieちゃん♡

is he too old for me?
「愛は年の差を越える」？

Q. よけいに燃えてます

Dear Fiona,

アドバイスしてほしいことがある。わたしピアノ教室に通ってて、そこで彼と出会ったの。最初に見たときは、「不良」って思った。パッと見ではそんな雰囲気の人なんだもん。本当はちがうのよ。すぐに意気投合したんだけど、彼と付き合えるなんて思ってもみなかった。だって年がはなれすぎてる。わたしは15歳、彼は大学生。だから電話番号を聞かれてすごくおどろいた。

それからデートするようになったの。どうしても彼に会いたくて、家を抜け出したこともあるわ。彼は22歳。自分でもどうかしてると思う。でもわたしたちお互いに、心からわかりあえてるのよ。こんなふうに思えるのは生まれて初めてなの。一週間もすると彼は家にきて、家族に会ってくれた。これまで知り合った男の子たちの中で、こんなに深くわたしのことを知った人はほかにいない。彼の部屋にも何度か遊びにいったの。ふたりきりになって、最終的にそういう関係になった。これは別に、それだけのことだけど。

彼のこと、ただのロリコン野郎だって思うかもしれないけど、そんなんじゃないのよ。本当にすてきな人なの。すごく頭も切れるし、彼から学んだことがいっぱいある。まわりの人は口をそろえて、いいように利用されてるだけだって言うけど、絶対にちがうわ。いっしょにいると、ときどきわたしのほうが恐縮しちゃうくらいよ。年もはなれてるし、わたしみたいな子ども、彼にふさわしくないんじゃないかって心配になるの。そういう意味ではわたしと彼、なにもかもちがってる。ねえ、どう思う？

-M. A.

歪みを直すならみずみずしい若木のうちに。

A. 悪いことはいわない

Hey, M. A.,

彼が魅力的な人だってことを疑うつもりはないし、ロリコンだなんて思わない。だけど、あなたにとって彼がいちばんいい相手だとも思わない。共通点といえばふたりとも魅力的なルックスの持ち主で、ふたりともピアノのレッスンに通ってるってことだけ。これはこれですてきなことだけど、ほかになにがあるっていうの？ 書いてくれてるように「なにもかもちがってる」のよ。どんなにがんばったところで、これは動かしようのない事実。自分でもこのことがわかる程度には大人だと思うけど、あえてはっきり言うわ。あなたと彼はぜんぜんちがう世界を生きてるの。15歳ってことは中3か高校生よね。彼は22歳、大学生活も後半。7歳の年齢差はどの年代にとっても大きなものだけど、それが中高生と大学生ならなおさらよ。相手が就職や自活について考えてるとき、あなたはやっと原チャリ免許がとれる年なんだからね。

いっしょにいて恐縮しちゃうのも無理ないわ。「彼にふさわしくない」と感じるのも、ある意味アタリマエ。だけどそんな気持ちを親しい仲で感じてしまうのはよくない。自分は相手と対等だって感じられなきゃ。実際、わたしのまわりでもよく目にするの。すごくやさしくて思いやり深く見える男の子が、好んで年下の子と付き合いたがる。ガッチリ主導権をにぎって優位にたてるから、そのほうが気分いいのよ。へんな話だけどね。まちがったことだし。

アドバイスしてほしいんだよね。遠慮なく言うわ。「別れろ！」——これがわたしのアドバイス。つらいのはわかる。この世の終わりかと思うでしょ？ 大丈夫、終わりゃしないわ。いったん距離をおいて落ちつけば、友達にはなれるかもしれない。でも恋人としては、お互いのためにならない組み合わせよ。

枯れ木になってからでは手遅れだ。〔アフリカのことわざ〕

絶対によくない。わたしはそう言い切れるわ。
悪く思わないで。

Fiona

♪/♪ In control
そんなの、バカな子どもだと思われて、もてあそばれてるだけよ。手玉にとるつもりなんだってば。

◆/◆ Lioness
友達の関係でいなよ。彼がホンモノなら、大人になるまで待ってくれるはず。

♫/♫ Joni
彼、同年代の女の子に見向きもされてないんじゃない？ それで君と付き合ってるとしたら、年こそ上だけどただのダメ男だ。ヘタに過大評価しないほうがいい。君でも逃げ出したくなるような、知らなきゃよかったと思うような問題を抱えてるかも。もう会うのやめなよ。

僕らは愛を授かった。これは貴重な苗のようなものだ。

彼はロリコンなんかじゃないもんっ

…多分。

大切に大切に、心をこめて育てていかなくちゃ。〔ジョン・レノン〕

I blew him off, and now I want him back
振ったのはわたしだけど…

Q. 好きって言ったじゃん！

Dear Tucker,

ベンっていう友達がいる。すごくいいヤツなんだけど、ちょっと太めな男の子。本気で好きになりかけてたくせに、どーしても外見が気に入らなくて…結局わたしはそれ以上の関係にふみ出せなかった。でも、そのベンに最近彼女ができたの。彼女からベンをとりもどすことってできると思う？ その子が現れるまでは、ベンはわたしに片思いしてたのよ。見てるとなんかムカつく。どうするべき？

-Kelly
ケリーさん

A. それは過去の話

Dear Kelly,

お気の毒さま。他人のものがほしくなるってありがちだよね。だけどどうやら手遅れのようだ。きっとベンは君の彼氏になりたくて、これまでに大変な時間とエネルギーをついやしてきたんだろうな。でものれんに腕押しだった。だからいい加減に君のことはあきらめて、別の子と付き合いだしたんだ。今じゃ失恋の傷も癒えて、新しい恋に専念してることだろう。

だからって悲観することはない。君は自分がおかしたあやまちに気づいたんだ。なにがいけなかったのかはっきりわかった以上は、次に誰かを好きになったとき、ルックスにこだわってしりごみしなくてすむんだからね。

幸運を祈るよ。

Tucker

♥/♥ Ken
本質的な彼の良さよりも外見を重視してたわけだから、ちょっと考えがたりなかったよね。それでいて向こうに別の彼女ができたとたん、とりかえしたいなんて。虫がよすぎない？

I'm black, she's white
黒人の僕、白人の彼女

Q. 肌の色、やっぱり…

Hi, Tucker,

僕は高校一年生、男、黒人です。友達もたくさんできて、好きな女の子も見つかった。でも彼女、白人なんだ。きらわれるんじゃないかと思うとこわくて、告白するかどうか迷ってる。付き合えたとしても、うちの両親や向こうの両親に反対されるかもしれないし…。どうしよう？

-Anonymous
名なしさん

A. たしかに不安だろう

Hi, Anonymous,

デートにまつわる恐怖に気づいたってわけだ。
誰かに思いをうちあけるという行為は常にリスクをともなう。意中の子のかわいい口から「イヤよ」のひと言が返されるんじゃないか？ …考えただけで震えがくるよ！ もちろん断られるとはかぎらない。ただひとつたしかに言えるのは、告白してみなきゃわからないってことだ。これは君だけじゃなく誰にとっても真理だね。
だが君の場合、ほかの要素が加わってリスクが大きくなってる。人種の壁を越えた恋となると、まだまだ誤解の多いこの世界だ。バカげてるけど、それが現実。このことが障害になりうると気づいた君は賢明だと思う。
そこで次のステップ。すすむ道を選択しよう。君の人生に「人種を越えた恋」という問題を持ちこむか、それとも持ちこまな

20代に入ろうとするころ、わたしは数々の偏見とたたかった。負けることもめずらしく

いですませるか？　二択だ。君のまわりにいる人たちを知ってるわけじゃないから、みんなのリアクションについて僕は推測するしかない。それでも、僕としては君を応援したいね。とりあえず段階を追ってすすんでいくんだ。だって別にいいじゃない、それくらい。なんか不都合ある？　まだ結婚するだのなんだのって話じゃないし、デートの約束すらこれからって段階なんだぜ。まずお互いが両思いになれるかどうか試してみて、世の中の差別意識と向きあうのはそれからでも遅くないんじゃないかな。両親の思惑を気にするのもね。
うまくいくことを祈るよ。

Tucker

♣/♣ Cookie
彼女が白人ってだけで誇らしげにしてる男の子をよく見るけどさあ、それがどうしたのって感じなのよね。それはともかくとして、その子のことが本気で好きなら人種のちがいなんてどうだっていいことだと思うわ。現にわたしのママとパパは黒人と白人だけど、わたしはそんなふたりから生まれた自分が好き。なんだってそう肌の色に意味をもたせたがるの？　人間は中身よ。

★/★ Louise
親友のクリスは白人で、黒人の彼ともう7ヶ月も続いてるわ。付き合いはじめたころは差別意識にこりかたまったヤツらからひどいことを言われてたけど、ふたりを引きはなすことはできなかった。ラブラブなんだもん、にくたらしいくらいよ。

なかったが、そのおかげで幅広い視野を得ることができたんだ。〔シドニー・ポワチエ〕

Crossing the Lines

人 種 の 壁

- デート経験があるティーンエイジャーの半数は、自分よりもはるかにリッチな家庭の相手と付き合ったことがある。また3人に1人は、逆に自分よりも貧しい家庭の相手と付き合った経験があると答えている。
- デート経験があるティーンエイジャーの57%は、自分とちがう人種・民族の相手とデートをしたことがある。
- 黒人および白人のティーンエイジャーのうち70%が、人種のちがう相手とデートすることは「別に特別なことじゃない」と考えている。

Here's a story from one of our friends

ある 読 者 か ら 寄 せ ら れ た 手 紙

デイブがわたしに思いを寄せてることには気づいてたけど、まったく興味なかった。彼が黒人だからじゃないわ。わたし自身、韓国人と白人のハーフだもん。人種のちがいに対する偏見はないの。ないと思う。デイブの気持ちに応える気になれなかったのは、ほかに好きな子がいたからよ。マイクは金髪・碧眼のスポーツマン。あの頃は彼のことしか頭になかった。

卒業する年になって事情が変わったの。マイクに振られたわたしはデイブと急接近。自習室でさりげなく優しい手紙を渡してくれたり、うれしかった。よく長電話もしたわ。彼がいてくれたおかげで、自分の存在に自信をとりもどせた。

本格的にデートしはじめたとき、両親には内緒にしてた。それ以前にママが言った言葉が引っかかってたから。例によってデイブと長電話したあと、キツい口調で聞かれたの。「デイブと付き合ってるわけじゃないでしょうね。パパとママはそれが心配なのよ」って。「心配」？ パパとママだって人種はちがうのに、どうしてそんなこと言われるのかわかんなかった。おじいちゃん・おばあちゃんの反対を押しきり、異種族混交（人種を越えた結婚）規制法とたたかって、試練をくぐり抜けてきたふたりなのよ。やっとの思いで結婚したふたりなの。その両親がデイブと付き合うことを問題にするなんて、わたしは夢にも思ってなかった。でもママの言葉で悟ったわ。白人やアジア人と付き合うのはかまわない。ラテン系でもいい。だけど黒人だけはだめ、そういうこと。

人はみな、異国をさすらう旅人。

だから嘘をついたわ。自分がどこに行ったか、誰と行ったか、ありとあらゆる嘘をついた。デイブとわたしはただの友達だってことにしたの。わたしたちが一緒にいられるためにはそうするしかなかったから、彼もわたしに合わせてくれた。やむをえないこととはいえ、なにかやましい隠しごとでもしてるような気分になって、デイブはかなりまいってた。そんな彼を見て、わたしもつらかった。

しかも障害は両親だけじゃなかったの。ハーフだってことでわたし自身、過去に差別を受けた経験があるわ。だけどデイブと付き合いだしてから受けた差別は、もっと深くわたしを傷つけた。「てめえの仲間と付き合ってろよ」赤の他人から通りすがりにそう言われたし、黒人のウェイトレスにはわたしたちのテーブルの担当を拒否された。とっくに切れてるはずのマイクはわざわざ電話をかけてきて、「よくあんな黒んぼとキスする気になれたもんだ」なんてわめきたてる始末。よく言うわよね。自分だってミス・アメリカにはほど遠い、ハーフのわたしと付き合ってくせに。いちばん最悪だったのは、アジア人のわたしの友達が親から「あの子とはかかわるな」って言われたこと。わたしとデイブの仲を知って、「娘が悪い影響を受けると困る」ってことらしいわ。このハイテク時代に、まるで1950年代にひきもどされたような気分だった。

結局デイブとは2年付き合って別れた。ギリギリまで耐えたのよ。でもむき出しの敵意と好奇の視線にさらされ続ける生活に、ふたりとも疲れはててしまったの。わたしたちは最後までお互いに愛し合ってた。ただ、あまりにもつらすぎた。別れると決めた日、デイブとわたしは1日じゅう泣いた。

今、わたしたちは友達の関係にもどってる。両親とも仲直りしたわ。ママもパパも、まるでなにもなかったみたいに振る舞ってる。でもわたしは忘れない。あのころのことはひとつ残らず記憶にきざみつけてる。あのつらい経験から大切なことを3つ学んだわ。愛に肌の色は関係ないということ。現実の世界はマーチン・ルーサー・キング牧師が描いて見せた夢とは似ても似つかないものだということ。最後のひとつは――その必要があると判断したとき、わたしはまた同じ道を選ぶだろうということ。第2ラウンドでは、もっと激しくたたかうつもり。

〔ジャック・ケルアック〕

YOUR RELATION-SHIPS

ニンゲンカンケイ

人との関係を良好にたもつ秘訣を教えよう。次の２点だ。

その１．コミュニケーションをとること。
一方通行じゃなく、相手の話にも耳をかたむけるという意味だ。自分の気持ちを表現したり考えを明確に伝えることももちろん大切ではある。だが受身で話を聞くのはそれよりもっと大切なことかもしれない。これがなきゃなにひとつ状況は変わらないからね。あーだこーだ言わずに、黙って話を聞いてみてごらん。目からウロコ、思いもよらなかった意見が耳に飛びこんでくることうけあいだ。

その２．自分を見失わないこと。
好きな子といっしょにいるとき「えーわたしわかんなーい。○○くんはどうしたーい？」なんてのはだめだよ。そんなこと言ってた日にはいつまでたっても好きな映画は見れないし、ほんとは苦手なものを無理して食べなきゃいけない。さらにこわいことに、そうこうするうちに少しずつ、自分でも自分の本音がわからなくなっていくんだ。きちんと自分の意見をもち、なにが嫌いでなにが好きかちゃんと把握できてる子はすごく魅力的だ。どんなときも自分自身でいることを忘れちゃいけない。自分を見失いさえしなければ、そんな君をきっと誰かが愛してくれるんだからね。

Tucker

Here are two big secrets to a happy relationship:
1. Communication. That means listening, too. Sure, expressing how you feel and being very clear about what's in your head is critical, but listening is even more important. Otherwise nothing ever changes. So shut up and listen. You'll hear some amazing stuff, I guarantee it.
2. Be your own person. When you're with your love object, never say, "I don't know what I want. What do you want?" You'll wind up missing all the movies you really want to see, and eating food you don't really like, and maybe forgetting about or losing a little bit of yourself. It's cool to have your own ideas, your own tastes. Be yourself — you will be loved for it.

my friends
don't like my boyfriend
わたしの彼、友達にすごい不評

Q. みんな、ひどくない?

Hi, Tucker,
友達がみんな、わたしの彼のこときらいだって言う。「うざいデブ」って。たしかに太ってるけど、そんなのどうでもいいことじゃない? そもそもうざくなんかないし。わたしは大好き。体重なんて気にならないもん。ありのままの彼に夢中なの。最愛の人だからみんなにも好きになってほしいのに、みんなは彼とデートするわたしを笑いものにするだけ。なんとかならない?

-Michelle
ミシェルさん

A. ブーイング対策

君はなかなかえらいね。たとえ世の中の主流からはずれていても、己の欲するところを見失わず実践してる。
それはともかくとして。彼氏が友達に不評だってことだけど、おそらくみんながブーイングしてるわけは、彼が気にくわないせいじゃないんじゃないかな。君をとられたような気がして嫉妬してるんだよ。「たまにはあたしたちとも付き合え」ってことさ。だけど君にしてみれば、聞きながすのがむずかしいみたいだね。実は以前、僕もこれに似た経験をしたことがある。どうやって解決したか教えよう。連中といっしょにファストフード店に入って、単刀直入に言ったんだ。「泣いても笑っても、僕はあの子と付き合ってるんだ。本当の友達ならこの事実を受けいれてくれるだろう?」ってね。もちろんわかってくれたよ。誰が聞いてるかわからないところで話すのがイヤなら、手紙を

思考するとは特定の意見に追従することでもなければ、反駁すること

書いて渡すという手もある。要は、彼と別れる気はないってことをはっきり伝えるんだよ。そうすれば、これ以上ブーブー言ってこなくなるだろう。
負けるな!

Tucker

♠/♠ bird
そんなにきらわれてるなんて、彼にもなにか原因があるんじゃない? ちょっとどうかと思うようなところがあるんだよ、きっと。よく考えてみて。ほんとにその子でいいの?

♣/♣ Floss
彼のせいで少しでもいたたまれないような気持ちになることがあるなら、やっぱり付き合う資格なしだと思うけどな。

でもない。思考するとは、多数決をとることだ。〔ロバート・フロスト〕

my girlfriend and I never kiss
彼女、キスもしてくれない

Q. 微妙な関係

Hiya, Tucker,

彼女は最ッ高──！に、かわいいんだ。でも僕ら、まともに話をすることすらない。彼女と付き合うのは2回目。1年くらい前に初めて付き合ったときは、お互いにあまりうまくいかなくて別れた。今はこうしてヨリをもどしてるわけだけど、まだキスもなにもしてないんだ。なんなんだろうねこれ？

-Joe
ジョーさん

A. 本音でぶつかれ！

Hiya, Joe,

君も困ったヤツだなー。キスしちゃえよ。今日。それで解決じゃないか。イヤだと言うなら別だけど。

少し気になるのは、彼女との関係について君自身それほど努力するつもりがないんじゃないかってことだ。「最ッ高──！に、かわいい」とは言っててもね。そもそも彼女ともっと話したければ自分から話そうとするだろうし、キスしたきゃ自分からキスしようとするだろうし。

なのに話もしてない、キスもしてない。君に聞くけど、ほんとに彼女と付き合いたいと思ってるのかな。「最ッ高──！に、かわいい」というのは君の本心？ それともまわりの評判？ お互い気心も知れててなんとなく元サヤ、ではなくて、どうしても彼女とやりなおしたかったんだって断言できるかい？

心の導くところに理性を導け。

彼女との距離を縮めたいと思うなら、素直な気持ちを態度に出せばいい。本当は別にどうだっていいと思ってるなら、さっさと別れてこれっきりにするんだ。
さあ、よく考えて。

Tucker

★/★ Tom
グズグズ言ってないでキスしろよー！ 向こうもおどろくかもしれないけど大丈夫、きっと応えてくれる。

♥/♥ Mari
ほんとに付き合ってんの？

次の項目に当てはまるようならご注意。それって「彼氏」じゃないかも…

- 彼とのデートは1回だけ、食堂のカウンター席で。友達も6人同席してたわ。
- おしゃべりはいつもオンラインのチャットで。ほかでお話ししたことないの。
- 彼とペアを組んだわ。1回だけ。パーティー会場で。
- 彼ったら、わたしの名前をまちがって書くの。

〔ロバート・ブラウニング〕

my boyfriend is stressing out on me
彼のやつあたりがひどい！

Q. いいかげんにしろー！

Dear Fiona,

ここんとこ気がたってる彼。自分のママやわたしにやつあたりするのよ。ささいなことでわたしにイラついたりして、どんなことにもがまんできなくなってるみたい。昨日の夜なんて、大学の入学願書のことでちょっと聞いただけなのに「うるさい黙れ」とか言われてさあ。ほんとアタマきた。

わたしが本気で怒ってることに気づいて彼が言うには、最近なにかとカリカリさせられることが多くて、それでついわたしにあたっちゃうんだってさ。いちばん頻繁に会うから。もう1年半も付き合ってる間柄だし、そんなだからって彼を見はなすつもりはないんだけど、やつあたりするんじゃなく相談してくれればいいのにって思うの。

-T. G.

かんべんしてー

A. 引くのも大切

Dear T. G.,

彼氏にとってはつらい時期みたいね。大学入試の手続きって、やたらと手間ヒマかかるし、すげー面倒。しかもすごく消耗す

むしゃくしゃしたままベッド・インしてはいけない。

る作業なのよねえ。そりゃストレスたまるわ。だけど、それであなたにやつあたりするのは考えもの。
いろいろプレッシャーを感じてくるしいとき、だからこそ自分をたよってきてほしいと思うのは自然なことだと思うわ。でもこの場合、ちょっと距離をおいたほうがいいような気がする。見はなせとか突きはなせとか別れろとか、そういうことじゃなく。ただ彼が自分でクールダウンできるように——頭を整理してひと息つけるように、一歩離れたところで待っててあげるのよ。そうすれば、いくら不機嫌でもサンドバッグ役はごめんだってことも伝わるし、つかずはなれず見守ることができる。ＳＯＳひとつで飛んでいけるように待機しとくの。もちろんそのときも、彼はどなりつけちゃいけないわ。「お願い、会いにきて」って言わなきゃね。まあそんなに待たなくても、彼はすーぐあなたが恋しくなるわよ。
そんじゃね。

Fiona

♪/♪ Colleen
わたしの兄さんもまさにこんな感じ。しかも月イチ。普段はいいヤツだし、彼女にもベタ惚れのくせして、それでもあたりちらしちゃうんだよねー。学校のこととかスポーツ・チームがらみでストレスがたまって、短気やら不機嫌やらがときどきドカンと出てくるみたいよ。

◆/◆ Mariah
結局、人の気持ちなんてどうだっていいと思ってるんじゃない？ あんたのこともイラつくだけなんだよ。
そんでイライラをぶつけてくるんだと思うなー。そんなヤツ別れれば？

徹夜してでもケンカのケリをつけるんだ。〔フィリス・ディラー〕

my boyfriend wants space

彼に「そっとしといて」って言われたら？

Q. ほっとけない！

Tucker-

彼氏のお父さんが亡くなってちょうど1年。命日が近づいたある日、1〜2週間ひとりになりたいって彼に言われたの。「いろいろよく考えたい」んだって。「いろいろ」ってたとえばどんなことかたずねたら、話したくないって。それで昨日はわたし、朝から会いにいったの。わたしとの間に問題があるなら話し合いたいって言っただけなのに、どなりちらしたかと思うと部屋から出ていっちゃった。頭ではわかってる。あれこれ質問されないで、しばらくそっとしておいてほしいだけなんだと思う。でもなんかしなきゃいけないんじゃないかって焦っちゃうのよ。どうすればいい？

-Anxious
不安なの さん

A. ぐっとこらえて

Anxious-

誰かがくるしんでる姿を目の当たりにしながら、なんの助けにもなれずに見守るのはつらいことだね。いてもたってもいられない気持ちだ。かけ寄ってなにかしたい。でも彼はそれを許さないだろう。

そっとしておいてあげる、なにもしないでいる。本人のためだとわかっていても、これはときとして非常にむずかしくて疲れる大仕事だ。でもそれがいちばんの手助けになるんだよ。「イヤよイヤよも好きのうち」だのなんだの、一般によく言われることだけど、実際にはちがう。誰か、とくに男の子が「ちょっ

とタイム」と言ったら、ほとんどの場合それはスタイルじゃなく本音なんだ。もし君が身を引こうとせずあくまでも彼の目の前に立ちふさがろうとするなら、なにもかもハッキリさせようと息巻くなら、──彼は君の存在を不愉快だと思いはじめてしまう。一度そうなればあとは手の打ちようがない。どんどんエスカレートして、ひとカケラの希望も残らないだろう。そんな罠に追いこまれちゃだめだ。

じっと座って、ただ待つんだ。なにかつらいことが起こる可能性を察知しにくくなるのはたしかだけど、現時点で確実に彼の役にたてるのは座って待つこと、これだけだ。そんな君に、彼が感謝してくれる日がきっとくるよ。

なんとかふみこたえるんだ。

Tucker

行きつく先をまず思え。〔孔子〕

Fiona says:

昔々あるところに、それはそれはクールですてきな男の子がおりました。当時わたしの彼氏だった子だけどさ。毎日欠かさず電話をくれて、最低でも数時間のおしゃべりタイム。会っていっしょにすごす時間も、たくさんたくさん──ッくさん確保したいんだって♪ すごいでしょ。さてわたしは喜んだでしょうか？ ブー、大ハズレ。

そのころ、わたしは人生の転機にあったの。大きな変化がたくさん起こった時期だった。ちょうど大学を卒業したばかりだったし、実家も出たし、ようやくあこがれの職業にも就くことができた。あれやらこれやら、頭の中はいっぱいだったわ。

だから彼のために多くの時間をさかなければいけないことが重荷になった。しょっちゅう電話をかけてくる彼が、だんだんうざったくなってきたのね。着信音を聞くたびに、自分のために使いたかった時間を彼がもぎとっていくように感じたものよ。

そんなこんなで結局、彼とは別れたわ。別れたっていうより自然消滅？ 魔法のように彼の姿が消えて、アタマ痛い問題がひとつ減ってくれればいいのになんて思いつつ、じりじりと彼から遠ざかっていったわたし。確信犯よね。自分でもそう思うわ。

わたしが言いたいのは、ひと息つくヒマも与えないくらいがんじがらめにされると、人はよけいにひとりが恋しくなるってことなの。好むと好まざるとにかかわらず、ほっておかれる時間は必要なものなのよ。

my boyfriend is a druggie
ジャンキーの彼

Q. クスリに夢中？

Dear Fiona,
彼氏ができたんですよー。ついこないだ。すごくラブリーな子なんだけど、はっきり言ってヤク中。マリファナなんて当たりまえ、考えつくかぎりのありとあらゆるドラッグに手を出してる。目の前でクスリをやったりマリファナの臭いをプンプンさせてたりさえしなければ、わたしはそれでいいって言ったの。でもちょくちょく「ごめん忘れてた」って。彼のことは大好きなんだけど…。付き合いだす前から２年近くずっと親友だった。だからもし別れたら、恋人だけじゃなく親友も失うことになっちゃうかもしれなくて、それがこわい。

悩みのタネはもうひとつあって、いまだかつて向こうからなんの手出しもされてないってことなの。オトモダチ期間が長かったせいだと思うようにしてるんだけど、よくわかんない。だって手すらにぎろうとしてこないんだよ！　ほんとはわたしのこと好きじゃないのかなあ。まるきり意味不明。どういうことだと思う？

-Confused
理解不能 さん

A. クスリが恋人

Dear Confused,
いやーッ！　いやすぎ。たいした彼氏ができちゃったわね。交際はＯＫしといてなんの愛情表現もないわけ？　うーん。ベタベタしろとは言わないけどさあ（そうなればそれはそれで困るし）、にしても手もにぎらないなんてひどーい。しかもなにが

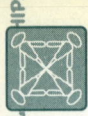

いちばんひどいって、マリファナに負けてるってとこよね。たぶん。こんなに思ってくれるあなたといっしょにいるより、マリファナを一服するほうが楽しいんだよ。手を出してこないのは友情のせいなんかじゃない。ドラッグのせいだね。

ジャンキーな彼にへんな染まり方をしないように、自分まで危険に身をさらさないように、そのへんはきちんとできてるみたいだから「ダメ。ゼッタイ。」云々というのは省くわ。あなたに対する彼の態度、ここに論点をしぼって考えてみて。…どう、それもやっぱりひどくない？ なんだってまたそんな、中身のない恋人ごっこに甘んじてるのよ。ほかの人とならいくらでも、充実したホンモノの恋愛関係がきずけるというのに。なんやかや心配させられたり、うわの空な態度をとられたり、簡単な愛情表現もラリっててできなかったりするヤツじゃなければ、それが可能なの。彼と友達でいるのはよしとしよう。でも恋人としては速攻で別れるべきよ。あなたにふさわしい、それなりの敬意と愛情をもって接してくれる男をほかに見つけなさい。

彼は彼、あなたはあなた。でしょ？

Fiona

♪/♪ Sad
自尊心がひとカケラでも残ってるなら、そいつとの関係は断ち切るべきだね。どうしてそんなダメ男に惚れる気になれんの？

♥/♥ Grace
いつでもラリってるのに「すごくラブリー」かどうかなんて、ほんとのところはわかるはずないじゃん。ドラッグって生活すべてに影響するんだよ。性格だって180度変わっちゃう。彼のこと「知ってる」とすら言えないんじゃない？

ヘルプライン（pp.202-203）を参照。

みずからが動かねばならぬ。〔ソクラテス〕

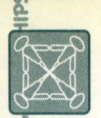

the L word
「愛してる」？

Q. 嘘はイカンよ

Tucker,

しばらく付き合ってた子に振られたばっかなんだけどさ、振った理由がふざけてんの。わたしが彼に「愛してる」って言わないから別れる、だって！ でもさー、別にまだ「愛してる」ってわけでもない人にそんなこと言えないよ。よくないと思う。にしても男の子って、ほんとにそういうの気にするもんなのかしらね。

-yours always
親愛をこめて さん

A. その通り

Hey, yours,

〉でもさー、別にまだ「愛してる」ってわけでもない人にそんなこと言えないよ。

君の判断は正しい。「愛してる」なんて、もしそれが心にもないことなら絶対に、まちがっても口にしちゃいけない。読んでるみんなもしっかり肝に銘じておいてくれ。これは気軽に使える言葉じゃないんだ。誰かに「愛してる」と言えば、それは身も心も捧げる覚悟を表明するのと同じ。あなたと深く結びつきたい、あなたのことをいつも思ってる、そういう強い意味がある。しかも楽しいばかりが「愛」じゃない。なにかとやっかいで、恐怖心をかきたてられることもあるし、まじめで重大なものなんだ。自分の言葉がなにを意味することになるのかろくに考えもせず、無責任に言えるフレーズじゃないだろ？

男女混交のロックが好き。それってひとつの

だけどたしかにお互い愛し合ってるなら、きちんと声に出して「愛してる」と言うべきだ。男の子にしてみればすごく大切なことなんだよ。たとえ普段はぶっきらぼうに振る舞っていても、僕らだって女の子に負けず劣らず感じやすいところがある。相手が自分のことを気にかけてくれてるとか、自分と同じ気持ちでいてくれてるとか、そういうことは耳できちんと聞いておきたいんだ。そこに「愛」があるなら、それも言葉で聞いておきたい。絶対にそうだよ。ただし1日100回も200回も言われるのは困る。ごくたまに言ってもらえるのがいいんだ。
ともかくあちこちで「愛」をバラまいて歩くのだけはやめてくれ。言っていいのは心の底から相手を「愛してる」と感じられるときだけ。了解？

Tucker

♣/♣ MeMeMe
テキトーに言っとけばいいじゃん。どうせ向こうだって、本心からこっちを「愛してる」とかじゃないんだろうし。

♥/♥ MarilyN
そいつ最低だね。そもそもほんとにあなたを愛してくれる男なら、そんな理由で振ったりするはずないよ。

答えだと思うの。〔ルイーズ・ポスト（Veruca Salt）〕

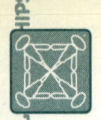

こんな兆候があったら——それは「愛」。

1. 星占いを読むとき、ついつい彼の分もチェックしてしまう。
2. 弟が同じことしたらイライラまちがいなしのしぐさ（食べてるときにクチャクチャやるとか）なのに、彼のはほほえましく感じる。
3. にきびクリームで塗り固めた顔、よれよれのジャージ上下、妙にテカッた髪、そんな状態で会ったのに彼は「やっぱかわいい」と思ってくれている。
4. 友達の超カッコいいお兄様にあこがれてたけど、最近どうでもいい。
5. 彼にもらったメールは全部、削除しないでとってある。
6. 彼が好きだと言うなら、うんざりするようなこと（例：プロレス鑑賞）にも耐えられる。彼もほんとは好きじゃないこと（例：靴を買いにショッピングへ！）に付き合ってくれる。
7. ３ヶ月剃ってない彼のヒゲがザリザリしても気にならない。
8. 少なくとも１回は、泣くわわめくわの大ゲンカをした。１時間後にはふたりともケロッとして前より仲良しになった。
9. 相手のへんな癖を知ってるけど（いまだ童話の怪物が夢に出てきてうなされる彼／なぜか足の臭いをかいでしまうわたし）、心変わりしてない。
10. 公衆の面前で呼ばれるくらいなら死んだほうがマシ、というふたりだけのハズカシイあだ名がある。

どうかお気をつけください、嫉妬には。あれは緑色をした怪物で、餌食とする

mr. jealousy
やきもち焼きの彼

Q. ジェラシー…

Dear Fiona,

7年間ずっと友達の男の子がいて、大の親友なの。でもその子と遊ぶと彼氏のやきもちがひどくて、ほんと困ってる。もともとはふたりとも友達同士なんだよ。すごい仲良しだったのに、彼はその子がわたしをねらってると思いこんでて、近づくと噛みつきかねない勢いなんだもん。

このことで何度も彼と話し合おうとしたんだけど、聞こうともしないのね。わたしにとっては彼ももちろん大切だし、友達のことも大切。だけど今じゃ友達のほうでもいい加減アタマにきてて、これ以上あれこれ口を出されたら反撃するかもって。なにかわたし、いけないことした？ どうすればいいのよー。

-Smile n' Nod
笑ってゆるして さん

A. 困るよねぇ

Dear Smile n' Nod,

これまでに、それこそ何時間もかけて彼氏の誤解をとこうと努力してきたわけだ。その友達とはなんでもないんだって説得しようとした。楽しいことじゃないよね。そんなあなたの努力にもかかわらず、たぶん彼は「やっぱりあいつは俺の彼女にちょっかい出そうとしてる」と思いこんだまま。いやはや、お熱いことで。アツいアツい。相当あなたに入れこんでるのね。どんな男の子もあなたの魅力に勝てるわけないと思ってるのよ。だからってそのバカげた振る舞いはやめてほしいよね。それな

人のこころを弄ぶのです。〔ウィリアム・シェイクスピア「オセロ」より〕

らやっぱ、彼と話さなきゃ。あなたが好きなのは彼であってほかの誰でもないってことを、もう一度だけダメ押しすんのよ。今後もその友達に脅しをかけ続けるなら「ケツを蹴り上げるわよ」とひと言そえてね♪

それがすんだら、次は友達のほう。彼氏よりまだ少しは冷静なようだから（嫉妬がからむとほんと人が変わるのよねえ。こわいわー）、軽い感じで話すといいわ。最近、たしかに頭のネジがゆるみがちな彼氏だけれども、3人いっしょに出かける機会を作るから協力してほしいってたのむの。実際に出かけてみて、あなたと友達がほんとにプラトニックな関係でしかないという事実を目の当たりにすれば、彼氏だって目がさめるでしょ。やきもちを焼く理由なんかないことに気づいて、とやかく言わなくなるはずよ。この方法で効果がなければ（それどころかあなたや友達に対して乱暴な態度をとるようなことがあれば）、そんなヤツ捨てちゃいなさい。ポイっと。

じゃーね。

Fiona

♪/♪ Les
あんたの彼氏ってイヤなやつぅー。誰にだって女友達もいれば男友達もいるわよ。それが気に入らないなんてほざく男、こっちから別れちゃいなよ。

Tucker says: 僕は嫉妬心の大原則に気づいた。嫉妬ってどれも一時的なものなんだ。なにに嫉妬してても、日に日に重要性がうすれていって最後にはこんなセリフを言ってる。「あーんなカスにどうしてあれほどカッカできたのか、自分でも信じられないよ。ハッハッハッ」。身におぼえあるだろ？

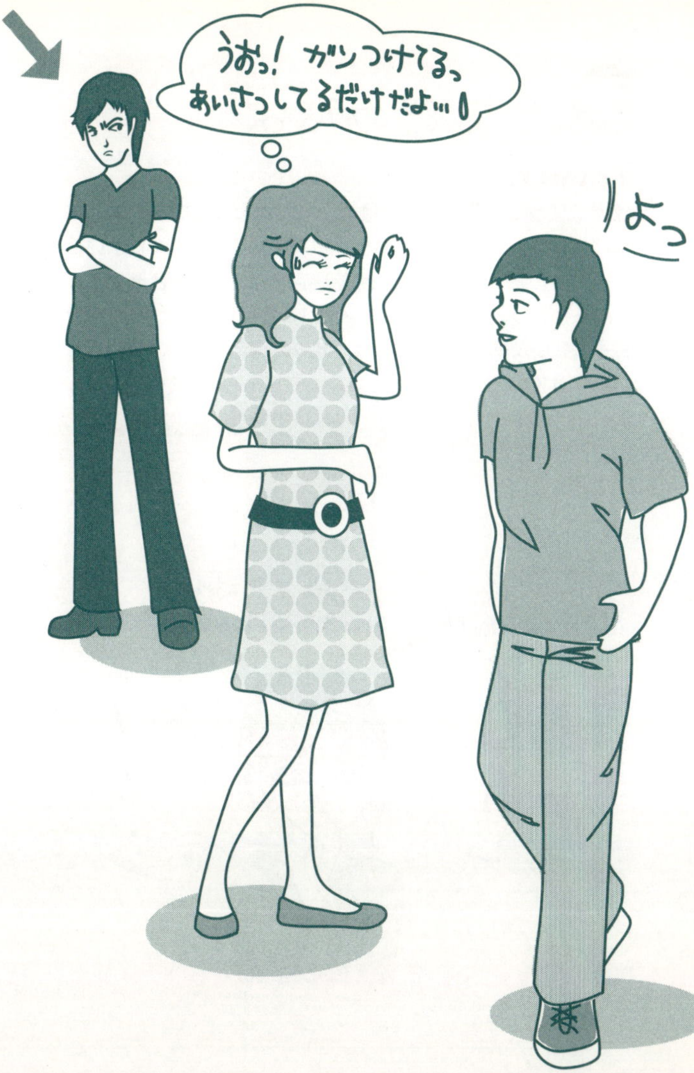
うおっ! ガンつけてるっ
あいさつしてるだけだよ…!
よっ

my ex is ba-a-ack

元カレ現る！

Q. 板ばさみだよ

Tucker,

疎遠になってた元カレと、最近また話すようになったの。向こうはわたしに会いたがるんだけど、今の彼がゆるしてくれない。会ったら怒るって言う。今の彼氏とは1年半前から付き合ってる。ほかの子たちといっしょでも、元カレと顔を合わせること自体だめらしい。勝手に会って内緒にすればいいのかな？ それとも、彼の意見にしたがうべき？

-Seriously stressed!
かなりユーウツ さん

カレシ と カラシ は 似てるわね。
ああ、今はそれどころじゃないわ...

元カレ　　カレシ

腹がたったら4つ数えろ。

A. やれやれ

Seriously,

葛藤だよね。
昔の彼と付き合いを維持することも大切だ。もちろんそれなりの距離をおいた付き合いってことになるけども。なんといっても過去にはすごく親しい関係にあったんだから、まるきり無視するわけにいかない。それは君と付き合ってる今の彼氏にとっても同じだ。

そもそも、君としては元カレとこれからどうこうしようなんて気はないんだ（…よね？）。それなら別に会うぐらい、誰に害がおよぶことでもないじゃないか。たしかに、君の彼氏は多少このシチュエーションに不安をおぼえるだろう。そうなる気持ちもわからなくはない。でもそこは乗りこえてもらわなきゃ。元カレと復活してもおかしくないと思うような、明確な根拠なんてなにもないんだろ？ 君の人生についてあれこれ指図したり、脅したりする権利は彼にないよ。

それでも心配するようなら、今さらなにも起こりっこないんだってことをもう一度、はっきり説明するんだ。元カレと会う約束も、あらかじめ時間を短く区切るといい。外でランチをいっしょにとるだけとかさ。できれば彼氏もその場に呼ぶといい。元カレを紹介して、全部オープンにしちゃうのさ。コソコソするのはいちばんよくない。まずバレるからね。それと、元カレと遊びまわるのはほどほどにすること。君には新しい彼がいるんだ。忘れちゃ困るよ。

幸運を祈る。

Tucker

それでもだめなら、ののしれ。〔マーク・トウェイン〕

★/★ Tamara
つらいのはわかる。でも今を大切にしようよ。すぎたことはすぎたこと。あなたを大切にしてくれる、新しい彼がいるんでしょ？ なんだって今の関係を台なしにしようとするかなー。

◆/◆ June
大変だと思うけど、自分がやりたいことはやりゃいいのよ。付き合って半月だろうが1年だろうが、当人をさしおいてあーだこーだ言われる筋合いないもん。どう生きようが誰と会おうが、それは他人の彼が決められることじゃないわ。

Fiona says:

相談される側がこんなこと言っちゃいけないんだろうけど、わたし実はかなり嫉妬深いタチなのよね。付き合ってる相手の言葉で気持ちが揺れると嫉妬心が動き出すってパターンが多い。彼氏がわたしの女友達のこと「あの子かわいいよね」って言うとか──（ガルルルルル、んだとコラ）。もしくはパーティーで、あからさまに彼を口説こうとしてる女がいるとか──（シッシッ、寄るな、あっち行け）。いったん嫉妬モードに入ると、われながら理屈にあわないナワバリ意識みたいなもので頭いっぱいになっちゃう。

経験からいって嫉妬は醜いという意識があるし、嫉妬にかられると実際とんでもない行動に出てしまう。パーティーでいっしょだっただけの女の子にネチネチ逆恨みしたり、「かわいい」って言われた友達を彼の半径3キロ以内に近づけないよう画策したり。でも彼との関係がばっちりうまくいってさえいれば、そもそも不安な気持ちになんかならないはずなのよ。

というわけで、嫉妬の鬼にならないようくれぐれも気をつけてちょうだい。ろくなことになんないわ。

my ex hits me
元カレの暴力

Q. もう殴られたくない

Dear Fiona,

わたしの悩みは元カレのこと。もともと彼はほかの女の子と付き合ってて、9ヶ月後に別れたの。失恋から立ちなおったころ、告白された。わたしに夢中だって。1ヶ月くらいかな、すごくうまくいってたところに彼女がもどってきたのよ。結局、彼は彼女に乗りかえて、わたしは振られたってわけ。

そんなところからはじまって、彼とはかれこれ5回以上、くっついたり別れたりをくりかえしてる。こないだのがいちばん最悪だった。彼に殴られたの。ほかにもさんざんひどい目にあった。ほんとはわたし、自分を傷つけるような男の子と付き合いたくなんかないのよ。だけど彼を好きだっていう気持ちもまだあるし、なんとか助けてあげたいの。やりなおしたいって言われてる。その気持ちは嘘じゃないと思うけど、正直言ってこわい。またぶたれたら、どうすればいいの？

-**Anonymous**
名なし さん

A. 別れなさい

Dear Anonymous,

二度と殴らせちゃだめ。そんな機会を与えちゃだめよ。自分を殴るような男とは絶対に付き合うべきじゃない。自分の力で彼を変えられると思ってるかもしれないけど、まず無理だから、それは。

「彼を好きだって気持ちもまだある」？ わかるけど、そんな気持ちは断ち切らなきゃ。完全にふっきるのよ。本人がどう言

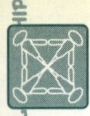

おうと、彼のほうにはあなたへの愛なんかない。口ではなんとでも言えるわ。でもね、ほんとに愛してたらあなたに手を上げるなんて、死んでもできるはずがないのよ。彼とのくされ縁を切るのは、はやければはやいほどいいわ。

それからあなた自身の身の安全を考えれば、信頼できる大人に相談しておくことが大切。両親とか、スクール・カウンセラーとか。いずれ必要なときに力を貸してくれるし、いざというときあなたを守ってくれるはず。彼がとんでもない暴挙に出ないとはかぎらないもの。そうなったら笑いごとじゃないわ。ほんっと危険な目にあうわよ。

最後にもうひとつ、なにかあったらすぐに110番。躊躇しないでちょうだい。敗者復活戦はないの。彼に次のチャンスを与えるんじゃないわよ。そんな資格、彼にないんだからね。念押ししとくけど、彼はあなたを殴ったの。立派な犯罪だわ。

流されるんじゃないわよ。

Fiona

誰かとの関係がうまくいかないことで得られるものがあるとすれば、

♬/♬ Kahlua
その男にこれ以上つけ入るスキを与えちゃだめよ。一度殴ったら、絶対に二度目があるんだから。わたしが前に付き合ってたヤツもそうだった。殴っておいて、わたしが別れようとすると途端にオドオドして悪かったなんて泣きついてくるの。信じてヨリをもどすと、何度でも同じことのくりかえし。結局いつも殴られたわ。最後にはわたしも目がさめた。キッパリ別れて、接近禁止命令を出してもらったの。相手が誰であろうと金輪際、男に殴られる気はないわ。

♥/♥ Tiger
男の立場からも言わせてよ。これだけはハッキリさせときたい。女の子に暴力を振るうなんて、男として最低な行為だ。卑怯きわまりないよ。

Tucker says: 彼氏や両親、その他の人々が振るう暴力でどれほど大勢の女の子が虐げられているか。正確な人数はわからないが数千人は下らないだろう。君もそのひとりかい？――そう聞かれて一瞬でも答えをためらったなら、君も被害者の可能性大だ。すぐに誰かの助けをかりよう。その気になれば、今よりマシな生活が待ってるんだ。

ヘルプライン（pp.202-203）を参照。

いい曲がいくつか書けるということくらいね。〔マリアンヌ・フェイスフル〕

YOUR SEX LIFE

セックス

人は、セックスしたくてセックスする。その一方であまりに多くの人が、したくもないセックスをしている。自分で自分の首を絞めるようなものだ。すすんでみじめさに甘んじ、誇りとも思えない行為をみずからに課している。行き過ぎた奉仕活動だ。
大切なのは、コントロールとコミュニケーション。
噛みくだいて言うと——
僕の体は僕のものだよね。だから僕がコントロールする。好きなように使う。体の使い道を決めるのは僕だ。
そして、君の体は君のものだよね。だから君がコントロールする。こうして僕の体は僕が使い、君の体は君が使う。
だがお互いにけっして、相手の体を勝手に使うことはできない。僕らは話し合わなくてはならない。合意に達しなくてはならない。わかり合わなくてはならない。信じ合わなくてはならない。コントロールとコミュニケーション。そういうことだ。
自分以外の体を勝手に使えない僕らは、チャックをおろす前に口を開かなくてはならないんだよ。

Tucker

People are going to have sex when they want to. But too many people have sex when they don't want to. They make choices they aren't happy with, do things they aren't proud of, and let themselves be taken advantage of way more than they should.
It's all about control and communication.
I mean, my body is mine, right? I control it. I can do whatever I want with it. It's my decision.
And your body is yours, right? You control it. My body, my call. Your body, your call. But we can never, ever make the call for each other. Instead, We need to talk about it. We need to agree. We need to understand each other. We need to trust each other.
Instead, we need to open our mouths before we open our zippers.

タッカーとわたしはいつだって同じ意見、というわけではない。セックスに関してはとくにそうだ。意見がちがう、それはそれでかまわない。結局のところ、彼は男の子の視点でものを見ているし、わたしは女の子の側にいる。これから読む章で、ひとつのQにふたつのAが載っているのはそのためだ。タッカーとわたし、それぞれが書いている。

セックスという行為は、女性と男性とでこんなにもまったく異なる経験になる。身体的な快感や好奇心だけでもセックス可能な男の子。だが多くの女の子（すべての女の子ではなく）にとってはそれだけじゃたりない。心を動かす要素がほしい。

そのときどきの状況次第で、セックスは最高にすばらしい経験にもなるし、悪夢のようなトラウマにもなる。鍵をにぎるのはふたりの心のあり方だ。体の関係に入る前に、心と心がどこまで接近できているかを考えてみること。

セックスをよりよい経験にするためには、しばらく待ってみることが有効な手段になりうる。体で相手をしばりつけたいとか、いつまでもバージンでいるのは嫌だとか、そんな理由でセックスに飛びつくのではなく、待ってみること。それから対話。ふたりともセックスしてもいいと思える段階にきているのかまだなのか、きちんと話し合うこと。じっくり時間をかけるだけの価値はあるのだから。

Fiona

Tucker and I don't always see eye to eye. Especially about the issue of sex. But that's cool. After all, he's looking at things from the guy's point of view, and I represent the ladies. Which is why in the next section you're going to hear from us both on every issue.

See, sex is a totally different experience for young women and guys. While guys may have sex with someone for pure physical enjoyment or experimentation, girls often-but not always-want something more. Something emotional.

And depending on the circumstances, sex can either be a truly amazing experience or a completely traumatic one. The key-for both guys and girls --- is figuring out where you are emotionally in the relationship before getting sexually involved.

A lot of times that means waiting-not just jumping into a sexual relationship to try to hold on to someone or because you feel like you're the last living virgin on Earth. It also means talking to the person you're with about whether or not you both feel ready to have sex. Some things are worth waiting for.

人間が犯す過ちのすべては、焦りに

all of my friends have done it. should I?
友達はみんな経験ずみ。そろそろわたしも…？

Q. そんなお年頃
Dear Fiona and Tucker,

16歳でバージンなの。同じ年頃の女の子はたいていセックスしたことあるのが普通じゃない？ わたしは2週間前にやっと彼氏ができたところ。彼とセックスしてみたい気はするんだけど、まだはやいかな。どうなんだろ、全然わかんないんだよ。なにがどうなればやってもいいってことになるんだろう？
心の底からやりたくなって自分でも準備オッケーと思えるまで、待ったほうがいいのかな？

-**Blair**
ブレア さん

A. 他人と比べちゃダメ
Hey, Blair,

そうだな、僕としては絶対やめとけと言うつもりはないよ。ただし考えに入れてほしいのは、セックスを決意する理由の中には、あまりにもお粗末なものがかなりあるってこと。その最たるものが「みんながやってるからわたしもやる」ってやつだ。ちょーっと情けないよね。あくまで君の人生は君自身のものであって、「みんな」の人生とは別物なんだ。わかってると思うけども。なにからなにまで人マネをするつもりかい？ みんなが崖から飛びこみはじめたら、文句なしに君も飛びこむとか？ その手の考え方の典型的な例だよ。セックスをするかしないか、

これは個人的な判断によるものだ。グループ討議で決めることじゃない。頭にたたきこんでほしいな。どっちかに決めるのは君自身なんだ。

ところでこの問題について、彼氏はなんて言ってるの？ なにしろ相手があって初めてできることだからさ。彼の意見も聞いてみなきゃ。君はよくても、向こうは心の準備がまだできてないかもしれないよ。

実行すると決めたならそのときは、セイフ・セックスを心がけてほしい。コンドームを使うこと。基本だね。

Tucker

A. 断固として反対

Dear Blair,

わたしはタッカーの意見に反対。どう考えたってセックスするべきじゃないわ。少なくとも今はまだ時機じゃない。やめといたほうがいい。

あなた自身そろそろ経験してもいいかなと思ってるかもしれないし、その彼もほんとにすてきでやさしくて文句のつけようがない男の子なのかもしれない。でも結局、付き合いはじめてまだ２週間なんでしょ？ たった２週間じゃ、自分が相手をどう思ってるか、それすらハッキリ固まってないんだよ。

言ってみれば「ハネムーン」なの。ふたりとも。「愛は盲目」を地で行ってるのよ。デートするようになったばかりのころって、お互いにうちこむじゃない。相手に好かれたくてがんばっちゃうわけ。メガネの彼ならコンタクトで会うようにするかもしれないし、あなただってさりげなくリップ塗ってすましてたりする。自分をよく見せたいし、相手によく思われたいの。

要するに普段の自分じゃないのよ。あなたも彼も、いつもより何割増しか「いい自分」を演出してる。
そんな努力の結果である今の彼にどれだけ入れこんでみたって、素のままの彼が食べるときクチャクチャやる人だったらどう？ それでもあなたの評価は変わらないって断言できる？ ほんとはヤリたい盛りの無神経な遊び人だったら？ そんな実体があとでわかった日にはもう最悪。考えただけで胸クソが悪くなるわ。「ハネムーン」のラブラブ時代がすぎたあとでそんな失望感に悩まされたくないなら、方法はただひとつ。急がないことよ。のぼせすぎないようにして、彼に対する自分のほんとの気持ちをじっくり見定めるの。恋の嵐が一段落して彼が普段用のメガネをかけてくれるまで、待つのよ。
それから、まわりの子たちがどこまですすんでるかなんて、全然あなたに関係ないことだからね。友達の誰がどうしたとかそんなのは一切、気にすんのやめなさい。他人のことじゃなく自分のことを考えるのよ。あとあと「バカなことしたわ…」なんて後悔したくないなら、これがいちばん確実な道。
じゃあね。

Fiona

♥/♥ Ruby2000
好奇心でセックスするなんてだめだよ。愛がなきゃ！

★/★ Lili
100％確実にオッケー、準備万端！　と思えないなら、まだ早いってことよ。

♬/♬ November Rain
わたしの場合6ヶ月付き合った彼氏がいて、セックスしましょうってことになったの。ていうかそう主張して決めたのは彼のほう。バカなわたしはろくに考えもせず言いなりになっちゃった。あれから1年後の今、後悔することだけよ。

初体験データ

- 女の子の24％は最初のセックスを16歳以下で経験。17〜18歳で初体験した子は16％。
- 15歳以下で初体験した女の子のうち、22％がイヤイヤ押しきられたセックスだったと回答。
- 女の子あるいは成人女性のうち、初めてのセックスで避妊具を使用したのはたった59％。

（米国立健康統計センター、疾病対策予防センター調べ）

am I still a virgin if...

わたし、まだバージン？

Q. ちょっと入った！
Dear Tucker and Fiona,

バカみたいで恥ずかしい質問なんだけど、事実上「セックスした」ということになるのはどのへんからなの？ どのへんからというのは、えーと…。つまりあの、どこまで入れたらそうなの？ 男の子が根元まで入れて初めて「セックス」なのかってことなんだけど。
実は彼氏のがちょびっと入ったの。全部じゃないのよ。先っちょが。彼はセックスの経験がある人で、こないだみたいなのは「いちゃついただけ」って言ってる。
わたし、結婚するまでバージンでいたいの。このことは彼もわかってくれてる。だからそんな感じでやってるときも中まで入れたりとかは絶対にしなかった。それが前回はちょっと強く行きすぎて、正直言って軽く痛かったような気がするのよ。すぐにやめてもらったけど。
ねえ、わたしまだバージンかな？ バージンだよね？

-Scared of sec
セックス恐怖症 さん

A. 自分で決めなよ
Dear Scared,

うーん。ぶっちゃけて言うと僕にはどっちとも答えられない。どこからどこまでが「バージン」か、境界線の定義って人それぞれちがってたりするしねえ。
僕が確実に断言できるのは、結局のところ君がどう考えるかそれ次第ってことだ。ほかの誰でもない、君の「バージン」なんだし。まだ自分はバージンだと思うなら、それはそれでいいと思うよ。認める。君自身のことだからね。まわりがとやかく言

う問題じゃない。
まあ「バージン」はともかく、君のゆるせる範囲を越えて進行しちゃってないか、彼を気持ちよくさせたいばかりに先へ急ぎすぎちゃってないか、そのへんは自分でしっかり気をつけることだ。問題になってるのは彼の体じゃなく、君の体なんだからさ。

Tucker

P.S.「先っちょ」だけとしても、少しでも入れるならコンドームを付けてもらう必要がある。避妊と性感染症予防のために欠かせないよ。

P.P.S. もうひとつ言っとくけど、いつまでも「ちょっとだけ」でガマンするのは無理だってことを承知しておいてくれ。誓ってもいいけど絶対に無理。いちゃいちゃすればするほど、「入っちゃった！」「入れちゃった！」って日は近いね。思ってもみないときにそうなっちゃうもんだよ。くれぐれも気をつけて。

A. なに言ってんの!?
Hey, Scared,

えー、この件についてもだね。真っ向からわたしタッカーに反対。だってもう、なーに寝ぼけたこと言ってんの？ 入ったんでしょ？ 入ったんだよね？ 入ったんなら入ったんだよ！ でそれは、理論上もうバージンじゃないってこと。彼氏がどう言いわけしようが関係ないね。
加えて言うなら、あなたの彼氏がやったことは最ッ低。あらかじめそれはイヤだって釘を刺してあったにもかかわらず押しき

っちゃうなんて、勘弁してよ。しかも避妊具使ってないんじゃ
ないの？ セックスするつもりなかったんだから使ってなさそ
うだよね。ったくもう、この、この、このアホタレがーッ！
キツいことばっか言って悪いわね。でもセックスとか自分の体
というものについて、もうちょっと知っとかなきゃマズいわよ。
性行為全般、そうそうテキトーに扱えるもんじゃないの。事実
をわきまえないで首をつっこむなんて絶対にだめ。わたしたち
に質問しようと思いたったのは誉めてあげるけど、これは最初
の第一歩よ。先へすすむ前に、自分でできるだけいろいろ調べ
て頭に入れときなさい。
慎重に！

Fiona

♣/♣ natalie
彼氏なに考えてんの？ 軽く扱われすぎじゃない？ まだや
りたくないって言ってあったのに勝手にすすめちゃうな
んてさー。キッパリＮＯが言えなきゃだめだよ。

♦/♦ Jewel0904
身体的には、それってもうバージンじゃないと思
う。でも気持ちの面ではバージンで通しちゃいけ
ない理屈はないよね。どうしても結婚まで待ちた
いなら、ちょっとでも挿入させるのはよくないと
思うなあ。ついつい最後までゆるしちゃって、あ
とで後悔することになりかねないもん。

愛するヒマなど残りません。〔マザー・テレサ〕

how do you get birth control?
避妊具ってどこで手に入るの？

Q. 避妊具ホシイ
Dear Fiona and Tucker,
彼とセックスしたいんだけど、ちゃんと避妊はしておきたいのね。もちろんコンドームも付けてもらうけど、ピルも合わせて使いたいと思ってる。そのほうが安心できるし。実はママから、避妊具買ってあげようかって言われたこともあるんだけど…。娘が遅かれはやかれどうせ経験することなら、せめて安全なセックスをって思ってるみたい。ママにたのんでみるべきかな？ どうも気がすすまないのよね。やっぱり自分で用意したほうがいいのかな。避妊具ってどこで手に入れられるの？

-Wondering
謎だらけ さん

A. どこで買えるか
Hey, Wondering,
事前にきちんといろいろ考えてるみたいね。感心感心、誉めたげる。ママもほんと理解のある人ですばらしいッス。でもまあ、母親つかまえてピルをねだるのは、いくら話せるママでもちょーっと抵抗あるわよね。やっぱ気まずいわー。セックスのことってそうそう簡単に親と話せないもん。
けどセックスをしようと思うなら、最低限の賢明さは求められるわけで。悲惨な病気にかかりたくはないだろうし、妊娠する気もないんだろうし。性感染症予防と避妊のために、なにかしらの対策は必要不可欠なのよね。コンドームとピルを併用するのはとてもいい方法だと思う。
で、コンドームは簡単。どこでも手に入る。スーパーでもド

知識のいかだは、もっとも罪深き者までも安全の

ラッグストアでも健康保険センターでもガソリン・スタンドでも、アメリカ国内ならとにかくどこでも売ってる。置いてない店をさがすほうがむずかしいくらい。しかも手頃なお値段だしね。問題はピルよ。ピルを買うには医師の処方せんがいるの。場合によっては小技が必要かも。あなたが入手する方法は次の3つ。

1. ママに言う。ピルがほしいということを話して、産婦人科につれていってもらう。
2. ひとりで産婦人科にいく。で、ピルの服用について相談する。大丈夫、医師にはあなたの診察について守秘義務があるから、お母さんにも黙っててくれるはずよ。たのめば請求書も別にしてくれる。そうすれば自宅に届く明細でお母さんにバレちゃうこともないわ。
3. 家族計画連盟のような公益法人組織が運営してる病院にいく。秘密も守ってもらえるし、避妊具も買える。ティーンエイジャーには割引価格で売ってくれるところも多い。

どの方法を選ぶにしろ、ピルを手に入れるのが面倒だからって準備をおざなりにしちゃだめよ。あなた自身の健康を守るためなんだからね。

Fiona

A. ママの好意も大切に

Hey, Wondering,

フィオナがかなり使える選択肢を挙げてくれたから、もうわかったよね。その通り、自力で避妊具を手に入れる方法なんていくらでもある。でも僕としては、やっぱりママにも相談したほうがいいと思うな。娘がそこらへんきちんとやってるってことを教えてあげるのもいいんじゃない？

だって母親にしてみれば、避妊具の購入を申し出るなんてよほどのことだよ。君があぶない橋を渡ってないっていう安心がほしいんだ。直接顔を見て言うのがむずかしければ、ほかのやり方でさりげなく知らせてあげるといい。ちょっとした手紙を書くとか、メールを書くとか。「ママ、避妊のこと心配してくれてありがとう。でも自分でちゃんとできるから。いろいろ考えてるし、無茶なマネをするつもりもない。ともかく、いつもそばにいてくれて心強いと思ってるわ」なんて。アリだと思うけどなー。

話すか話さないか、もちろんそれは君が決めることだ。無理強いするつもりなんてさらさらないけど、心配いらないってことをお母さんに教えてあげるのはすごくいいことだと思う。だって君のママなんだよ。君を愛してくれてる人なんだから。

Tucker

自分を守るために

Six Protection Options and How They Work
避 妊 ・ 性 感 染 症 予 防 方 法 ６ 種 類 と そ の 使 い 方

Condoms
コンドーム（避妊効果95〜99%）

薄いゴムの膜でペニスを覆い、男の子はその中に射精する。妊娠を防ぐことができるほか、性感染症もそのほとんどが予防できる。価格も手頃でどこでも買えるため、女の子・男の子どちらにとっても入手が容易。ただし破損しやすいのが難点。人によっては、ゴムやゴムに塗ってある殺精子剤に対してアレルギーが出ることもある。また、挿入時の感覚が鈍くなるという一面もある。

The Pill
ピル（避妊効果95〜99.9%）

女の子が毎日服用することで妊娠を防ぐ。購入には処方せんが必要だが絶大な避妊効果があり、盛り上がってきたところであらためてなにか準備したりあわてたりしなくてすむ。生理痛を緩和し生理そのものを軽くする効果もあるが、性感染症に対する予防策にはならない。副作用として体重が増えたり、胸が小さくなったりする場合がある。高価な薬であり、処方せんがいるのもネック。

Female Condom or Spermicide
女性用コンドーム（避妊効果79〜95%）
または 殺精子剤（避妊効果72〜94%）

処方せんなしで購入できる。それぞれパッケージに書かれた説明書き（製品によって内容は異なる）にしたがい、膣の中に挿入・注入する。廉価で購入も簡単だが、ズリ落ちたり炎症を起こすことがある。どちらも非衛生的で扱いづらい。

服を脱ぐとき、心の殻も脱ぎ捨てなさい。

Morning-After Pill
緊急避妊ピル（避妊効果75％）

使用中にコンドームが破れるなど、避妊に問題が起こったとき服用するための特別なピル。セックス後48時間以内に女の子が飲むことで妊娠を防ぐ。ただし、むかつき感や嘔吐、筋けいれんなどの副作用を生じることがあり、性感染症には効き目がない。必要なとき、病院で入手できる（タイムアウトに注意）。

Outercourse
挿入しない（避妊効果100％）

前戯、後戯、なんでもありだが性器の挿入はおこなわないという避妊方法。性感染症にかかる確率を抑え、100％確実に妊娠を予防する。が、女の子・男の子の双方に自制心が求められるほか、わずかな可能性ではあるが性感染症も完全には防ぎきれない。

Diaphragm
ペッサリー（避妊効果80〜94％）

中央が盛り上がった円形のゴム製品。弾力性のあるフチ部分に殺精子剤が塗ってあり、膣内にセットすることで妊娠を防ぐ。セックスの6時間前からセットでき、終わったあと24時間はそのままにしておける。セットしたまま、一晩に2回の連続使用も可能（殺精子剤の再塗布は必要）。難点としてはセットがむずかしいことが挙げられる。また、性感染症の予防効果はない。膣内に長く入れたままにしておくと中毒性のショック症状を起こす可能性があるため、実際にはセックス後6時間以内に取り出すべき。取り出したペッサリーはよく洗っておく。膣に合ったペッサリーとセット方法について、医師の指導を受ける必要がある。

注意：避妊や性感染症予防について、100％完璧な方法はない。もっとも信頼性の高い方法としては、コンドームとピルの併用など2種類を組み合わせて使うことをおすすめする。あなたもしくはあなたとセックスした相手に少しでも性感染症の疑いが感じられたら、放置せずかならず検査を受けること！　直感を信じ、同時に頭を使うことが大切。

〔アレックス・コンフォート〕

how can I hide my erections?
すぐ勃っちゃう。隠し方教えて！

Q. 困ったもんだ
Hey, Fiona and Tucker,
16歳、男。いつもいつも、よりによってと思うようなマズいタイミングで勃起しちゃうんだ。彼女と廊下ですれちがっただけなのにピコーン、っていうのとか。そのうち誰かに気づかれるんじゃないかと思うと気が気じゃない。どうすりゃいい？

—**Anonymous**
名なし さん

ひとたび声高に話されると、なにごとも

A. お手上げです

Hey, Anonymous,

うーん。うむむむぅ——ッ…。いつでもバカでかいバインダーを持ち歩くようにして、それで隠すとか。やーもうなに、わたしふざけてるわけじゃないのよ。真剣に考えてんの。でもなにしろ女の体しか持ってないし、正直言ってほんとわかんない。全然、皆目、さっぱり、わかんないや。思いつかん。無意識に勃起したときって男の子たちどうしてるんだろう。タッカー、続きはあんたにまかせるわ。

Fiona

A. 守りに徹しろ

Hey, Anonymous,

オッケーィ。なにがどうだというわけでもないのに勃起してしまう、これはまったく正常なことだよ。不意打ちの勃起。無意識だからねえ。いつそうなるかまったく読めない。なぜか勃つんだ。そうとしか言いようがない。学校で勃ち、テレビを見て勃ち、寝てたって勃つし、教会でも勃つ。スーパーの中、サッカーの練習中、どこでだっておかまいなしだ。しかも勃起はかならずしも性的な興奮によって起こるとはかぎらない。まばたきひとつしただけなのに次の瞬間、キャー俺の勃ってる！ なんで！？——そういうもんだ。

フィオナの「バインダーでブロック作戦」はいいとこついてる。どうあがいても、勝手に勃っちゃうものを事前におさえるなんて不可能だ。だからひたすら隠すしかないんだよ。

そのためにはボクサータイプの下着より、キツめのブリーフが

困難を生じる。〔ヘルマン・ヘッセ〕

無難だね。そして必要があるときにはこっそり、さりげなく(あくまでさりげなく。たのむよ)、位置を調整する。スポーツ用の下着がいちばんいいかもしれない。あれなら中であちこち動かないし、スポーツ用だけにバットもボールもきっちりストライクだ(…ごめん)。ともかく、自分で自分に「勃つんじゃない、勃つんじゃない」なんて呪文を唱えるようなマネはしないことだ。ハッキリ言ってそんな呪文、効果ないからね。勃起なんて結局は一時的なものだし、ピコーンと勃ったのと同じくらい、秒速で一気にしぼんじゃうんだぜ。
あまり悩むなよ。

Tucker

♪/♪ Princess2000
んなのたいしたことじゃないよー。わたしの彼氏なんて軽く抱き合っただけで勃つし、ひどいときなんかわたしと話しただけでそうなったりするよ。いいじゃんセクシーで。色っぽくてアリだと思うけどなあ。別に恥ずかしがらなくていいって。

he just wants action
いろんな体位を試したいだけ

Q. きらいになりそう

Dear Tucker and Fiona,

彼のこと好きだし、向こうもわたしを好き。ある日、ビデオでも見ようって彼の家に誘われたの。それで結局セックスしたんだけど、終わったあともしつこく2回目を迫ってきて、もっと過激なのを試そうとするんだよ。なんだかわたしの体だけが目当てなんじゃないかって思えてきた。いろんな体位でヤってみたいだけというか。このごろじゃ彼とふたりきりになるのがこわい。またなにか無理強いされるに決まってる。そんな気がするの。わたしはそういうのイヤなのに。でもやっぱり、まだ彼のこと好きなんだと思うし…どうすればいい？

-**Mixed Feelings**
困惑 さん

A. 別れるべきだ

Dear Mixed,

問題だな。ほんとはやりたくないことまで強引に押しきられる気がして、彼とふたりになるのがこわい。こんな気持ちにさせられたとすれば、99％は不安が的中すると考えていい。君にかぎった話じゃないよ。まさか文字通り相手に襲われるということはないだろうけど、最終的に「なにかがちがう」というイヤな感じで終わるのはたしかだ。「なにかがちがう」と思いつつ…そんな事態は避けなくちゃいけない。

男が誰でもそんな振る舞いをするわけじゃない。一般的に言ってたしかにヤリたがりだし、可能ならどんな体位も試してみたいという傾向があるかもしれない。でも大多数の男の子は、女

の子にイヤがられるようなことを無理強いしたりはしない。そんな男の子と付き合うことをすすめるよ。どっちみち、君の書いてくれた文面を読むと、問題の彼がすでに過去の男となりつつあるような気がするな。「まだ彼のこと好きなんだと思うし」——僕をあなどってもらっちゃ困るよ。なにしろ「思う」だからね。あらためて自分の本音をさぐってごらん。そして彼とは別れるんだ。

Tucker

A.
今すぐ別れな！

Hey, M. F.,

別れるのよ。そんなヤツ、今すぐ別れるの！
恋愛感情があるうちは、別れるなんてつらすぎると思うかもしれない。そんなのわかってるわよ。少しのあいだにせよ惚れてたんだろうし、あなたにとって大切な存在になってるんだろうと思う。でもね、ヤツと付き合うのはまるきり時間のムダ！

はっきり言ってその価値なし。だってそうでしょ。ほんとにあなたのことが好きなら、イヤがることを押しつけるわけないもん。そんなの自分からふたりの関係をこわしにかかってるようなものじゃない。

とにかく彼とは別れなさいよ。さもないとまた、気がすすまない行為を強引にかき口説かれるハメになるわ。向こうのしつこさに降参したが最後、ぜーんぶあなた自身の後悔になって返ってくるんだからね。

他人の欲望に追従するんじゃなく、自分の欲望をきちんと追いかけなさい。純粋にあなたを愛してくれる人と付き合うのよ。人の気持ちにつけ入るような男はだめ。

それから、くよくよ自分を責めたりしないでね。悪いのは向こう！ 振られるのは自業自得なんだから。

Fiona

♥/♥ Minerva
「女のカン」って言うけど、ほんとそういうので助かることってあると思う。誰かに対してゾワゾワきたら要注意。近づかないのがいちばんよ。

♪/♪ dj diva
そんな男は捨てちゃいな！ セックスのことしか頭にないような男、わたしは大っきらい。ブタよブタ！ クズ！

それを望まないかぎりはね。〔エレノア・ルーズベルト〕

how can you tell if someone has an STD?
性病の見分け方

Q. なんかないかな
Dear Tucker and Fiona,
彼氏はいるけどセックスはまだ。彼って普通に健康な人だと思う。思うけど、素朴な疑問があって。検査とか一切せずに、あらかじめ性病にかかってるかどうか知る方法ってないのかな。あるとしたらそれってどうやるの？　回答よろしく。

-Trish
トリシ さん

A. あるわけない
Hey, Trish
んな方法はない。
たしかに性病の中には目で見てはっきりわかるものもあるけど、全部が全部そうだというわけじゃないんだ。むしろほとんどの場合、外見から判断がつくことはまれだね。エイズも見ただけじゃわかんないだろ？
他人はもちろん自分自身についても、検査なしで性病かどうか調べるなんて不可能だよ。がっかりさせて申しわけない。ちなみにセックスするときはコンドームを忘れずにね。検査を受けていようがいるまいが、ゴムは必須アイテム。なにしろ検査でいちばん信頼できる結果を出すには、かなり時間がかかるんだ。①まず最初の検査を受ける→②性的行為に無縁の状態で６ヶ月待つ→③しかるのち２回目の検査を受ける→④ここでシロと出たらゴール。しかも、こうして出した結果さえ、なにか手ちがいがないとは断言できない。

疑わしいことにはかまうな。疑いなく

近道なんてないんだ。

Tucker

A. 検査しかないよ

梅毒、性器ヘルペス、尖形コンジローム、…性感染症にもいろいろあるわよね。性器やその周辺に痛みがあったり、ブツブツができたり、おりものが増えたり。そんなふうにはっきり症状が出る病気もあるけど、ほとんどの性病は無自覚なまま進行していくの。だからセックスの相手や自分が病気をもってないかどうか確実に知るためには、検査を受けるしかないわ。それが唯一の方法。

かといって検査結果さえ陰性なら安心していいかというと、そうでもない。100％は保証できないの。「セックスするならコンドーム」って口をすっぱくして言ってるのはこのためよ。性病から自分を守るにはこれがいちばんだもん。

どんなにいいセックスでも、悪くすれば完治できないようなつらい病気を抱えこむには安すぎる代償じゃない？ これ、しっかり肝に銘じておいてちょーだい。

セックスは賢く安全に！

Fiona

♣/♣ RuRu
入れる前にゴム！ これがわたしのアドバイス。嫌がる男の子もいるけど、結局は相手のためにもなることなんだからね。

♥/♥ Buddha Babe
今の彼と付き合って1年以上になるけど、まだセックスはしてない。信頼できる相手なら、検査を受けてくれるようにたのんでみたら？ 別に痛いことじゃないんだし。そんなのごめんだって言うようなヤツは、どっちみちセックスするほどの相手じゃないってことだよ。信頼の問題だと思うな。

明らかなことを優先しろ。〔モハメッド〕

I'm scared I'll get HIV
エイズがこわい

Q. セックスはしたいが…

Hey, Tucker and Fiona,

彼とセックスしたいのはやまやまなんだけど、エイズがこわくてしょうがないの。エイズで死んだ叔父がいて、ほんとに悲惨な最期だった。それでなんだか自分も感染してるんじゃないかってこわくなって…。セックスした人みんながみんな感染するわけじゃないのは知ってる。頭ではわかってるけど、やっぱりこわいよ！ どうしよう？

-**Afraid**
こえーよ さん

A. まず予防

Dear Afraid,

まあ落ちついて。セックスは危険のともなう行為だ。妊娠や性感染症のリスクがあるし、精神的な葛藤を生み出すこともある。あれやこれやの中でいちばん恐ろしいのがエイズだ。
ただし感染を防ぐ方法ならわかってる。コンドームを使うことだ。ゴムを付けさえすれば、感染することはめったにない。逆に言うと予防策はそれしかないんだ。
もちろんコンドームを使うときは、正しい使用法を守らなきゃ意味がないよ。セックスしたいと思っても、自分に自信がもてなかったり、相手がたよりなかったり、心の準備ができてないならやめておくのが賢明だ。ただ、セックス自体は恐ろしいものでもなんでもない。きちんとルールを守れるなら、の話だけど、あまりこわがらないでほしいね。

Tucker

HIVはわたしたちみんなに感染してる。

A. あまりビビらないで

Dear Afraid,

エイズが強迫観念になっちゃってんのね。ありとあらゆる感染経路を想定して、すっかりパニック状態。そんなふうにビビりまくって毎日を生きてくのは、かえってすっげー不健康だと思うけど。考えてもごらんよ。だってちゃーんと予防方法があるんだよ？ しかも超強力、効果絶大なやつが。まず大切なのは、これから性的交渉をもとうとしてる相手のことをきちんと知っておくこと。それにもちろん、いよいよセックスとなったらコンドームを使う。毎回ね。口でやるからゴムなしで、ってのもだめ。きわめつけは定期的に検査を受けることよ。エイズは、感染してから検出できる状態になるまで6ヶ月かかるの。だから最初の検査でふたりとも陰性が出て、その後ほかの人とは付き合ってなくても、彼と安心してセックスするためには半年間待たなくちゃならない。6ヶ月たったら、セックスする前に2回目の検査を受けるってわけ。ただしめでたく2回目の陰性が出たとしても、あなた自身の心の準備がまだならチャレンジするべきじゃないわね。

Fiona

♦/♦ FunGirl
そりゃエイズはこわい病気だけど、セックスをあまりこわがらないでほしいな。気をつけるところに気をつけたら、あとは楽しめばいいんだからさ。

ヘルプライン(pp.202-203)を参照。

〔ディアマンダ・ギャラス〕

エイズってなに？ HIVっていうのは？

HIVとはなにか？：
ヒト免疫不全ウィルスのこと。このウィルスがエイズ（後天性免疫不全症候群）の発症を引き起こす。HIVに感染すると免疫システムの働きが弱まり、病気に対する抵抗力が壊滅的にうばわれてしまう。これによりウィルス、細菌、菌、寄生虫などによる感染症が誘発されるばかりか、さまざまながんにおかされやすくなり、通常は死にいたる。

感染経路は？：
HIVは、血液、精液、膣分泌液などの体液によって感染する。セックスで感染するケースが一般的。そのほかには母乳からの感染、注射器のまわし射ちによる感染、輸血や臓器提供による感染などがあり、妊娠中に胎児が感染してしまうこともある。

治療法は？：
エイズの治療法は発見されていない。一部の患者に対しては、多くの薬物療法でその効果が実証されている。

予防法は？：
性感染するあらゆる病気から身を守るには、セックスしないことが100％確実な唯一の手段となる。が、身体が発育し健康的な性欲がある以上は、コンドームの使用をおすすめする。あのごく薄いゴム製品が、あなたの命を救うのだ。

how do I tell my parents I'm pregnant?

妊娠しちゃった。親になんて言おう？

Q. どうしよう

Dear Tucker and Fiona,

まだ13歳だけど、妊娠しちゃった。すごく心細い。両親にはまだ話してないの。パパやママが傷つかないような、上手なうちあけ方ってなにかある？ それから、話す前にお医者へいったほうがいいのかな？

-**Scared**
びくびく さん

A. ひとりじゃムリ

Hey, Scared,

お医者が先だろうね。ほんとに妊娠してるのか確かめなくちゃ。たぶん妊娠検査薬で陽性反応が出たんだと思うけど、あれってけっこう当てにならないこともあるから。

診察してもらってやっぱり妊娠だってことになると、体的にこれからいろいろ大変だと思う。自分ひとりじゃどうにもならないわ。健康体でいるためには専門家の助けが欠かせない。かかりつけのお医者さんに話すのが気まずいなら、家族計画連盟みたいな公益団体がやってる病院に行けばいいんだから。もちろん守秘義務にしたがってくれるし、アメリカでは未成年者に割引サービスが用意されてるところもあるの。

両親に話すってことについては、「上手なうちあけ方」なんてものはない。どうやったってもめるでしょ。でも支援や手助けが必要なら、どうやったって言わなきゃいけない。はっきり言ってものすごくつらいと思う。だけど、ここをなんとかクリアできれば、ひとりきりで悩まなくてもよくなるんだよ。パパと

ママがついててくれる。妊娠が事実ならきっとこの先、ぶちあたる壁がたくさん出てくるわ。とまどうことばかりだろうけど、きちんとうちあけておけば、しっかりあなたをバックアップしてくれるはず。
だからがんばってね。

Fiona

A. 病院に行こう

Hey, Scared,

まず、ほんとに妊娠なのかどうかをはっきりさせるんだ。きちんとした医師の診断をあおぐって意味だよ。かかりつけの病院でもいいし、家族計画連盟が運営してるところでもいい。事実を確かめるのははやいほうがいいよ。1日はやくわかれば、1日はやく対処にとりかかれるんだからね。

それから君にとって信頼がおけて、なおかつ君を愛してくれる人たちを味方につけること。これはとても重要だ。理想で言えば両親だけど、現実はなかなか思い通りにいかなかったりす

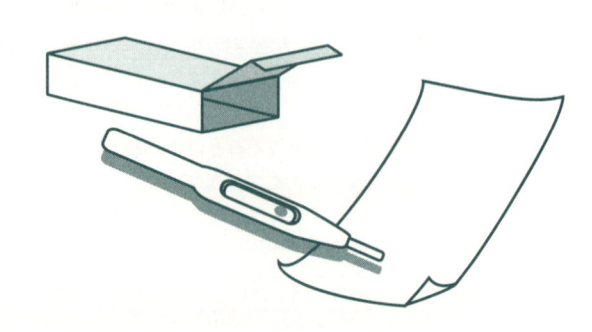

朝から晩まで、誰もかれもが僕に言った。「あわてるな」。いちばん有益で

る。そんなときは、ほかに応援をたのむ必要がある。友達やスクール・カウンセラー、先生、通ってる教会や寺院があるならそこの聖職者。味方についてくれる人がいれば、今後の試練はぐっと耐えやすくなる。

とにかく、かならずしも両親じゃなくていいから君に力を貸してくれそうな人にうちあけるんだね。これからむずかしい決断を迫られることになると思うけど、君ひとりで背負うなんて絶対にできっこない。一刻もはやく誰か見つけてくれ。こうしてる間も、時間は待ってちゃくれないんだよ。

Tucker

♣/♣ Rush
おなかの子のお父さんはどうしたのさ？
相手にも責任があるんだからね。

ヘルプライン（pp.202-203）を参照。

10代の妊娠データ

- 20歳の女性のうち、95％以上はなんらかの形で公式な性教育を受けたことがある。ただしそのカリキュラムに避妊法が含まれていたと答えたのは86％、性交渉の拒み方にまで言及した教育を受けたという回答は89％。
- 1998年、15～17歳の出産率は5％ダウン。出産者数は1000人あたり30.4人となり、過去最低記録を更新した。

（米国立健康統計センター、疾病対策予防センター調べ）

的確な言葉だ。〔ダグラス・アダムス著『銀河ヒッチハイク・ガイド』より〕

YOUR SEXUAL IDENTITY

セクシャル・アイデンティティ

正直言って、思いを寄せてる相手以外の人が
同性愛者か異性愛者かなんてことは、僕にはどうでもいいことだ。
どっちだろうって考える気すら起こらないのが本音。
だけどみんながみんな、そんなふうに感じてるわけじゃない。
ゲイの存在をうまく受けいれられない人もいるだろう。
だけどまずまちがいなく、当人はもっとつらい思いをしてる。
不安ばかり味わった片思いの経験があれば、思い出してみて
ほしい。そして、片思いの相手が自分と同性だったらどんな
ことになるのか、想像してみてほしい。まさに不安だらけだ。
同性愛者だという理由で誰かを嫌がらせる言動をとってないか、
セルフ・チェックも忘れずに。
それさえ気をつければ、あとはなにを心配する必要があるんだい?
みんな好きに生きてるんだ。それを認めよう。
人のことにあれこれ口を出すヒマがあったら、
自分の好きなことに時間を使ったほうがいいだろ?

Tucker

Frankly, unless I'm crushing on you, I don't care how you express yourself sexually. In fact, I don't even really want to think about it.
 But not everyone feels that way. It may be hard for you to accept that someone is gay, but he or she is probably having a much tougher time with it than you are. Remember that crush you had that caused you so much angst? Imagine if your crush was on someone of the same sex. Now that's angst.
 Oh, and if you're tempted to harass someone for being gay, check yourself. What the hell do you care? Let everyone do their own thing. Besides, leaving them alone will give you more time to do your own thing.

my best girlfriend is a lesbian!
レズビアンの親友

Q. 誤解されたくない

Hey, Tucker!

親友が同性愛者なの。彼女とは昔から仲良しなんだけど、最近になって本人から聞いた。別に大さわぎするようなことじゃないし、わたしたちの友情はびくともしなかったわ。やっぱり彼女は大切な人で、だからわたしは落ちついて受けいれられた。でもひとつだけ困ってることがあって。彼女の恋人って同じ学校の女の子なのね。しかもオープンにしてるから、ふたりの関係はみんなが知ってる。で、間の悪いことに今のわたしには彼氏がいない。だからたとえば廊下で彼女に話しかけるとき、わたしまでレズビアンだと思われやしないかって気になってしかたがないのよ。男の子たちの手前そんな誤解はなるべく避けたいんだけど、こんな理由で親友と縁を切るつもりもないし…。気にしすぎかな？ どうすれば誤解を防げると思う？

-thanx
どーも さん

A. だいじょうぶだよ

Hey, thanx,

男の僕に言わせれば…うーん、やっぱり気にしすぎだ。君が誤解されたくないと思うようなナイス・ガイなら、そこまでアホじゃないだろう。少しはマシな判断力をもってると思いたいね。仮に誤解してたって、突飛な誤解であればあるほどかえって魅力を感じるかもしれないし…。まあそれはともかくとして。君の心配はわからなくもない。ダッセー服装の友達と出かけたとき、連れだと思われたくないのと同じだろう？ 別にその子は悪くない。わかってはいるけど、でもまわりに「ダッセー子の

幸せになりたいのはみんな同じ。人生は人それぞれだけど、

仲間」だと思われるのはイヤなんだ。
言っておくが世間の目はそこまで曇ってるわけじゃない。男の子たちの大半もそうだ。君自身の人となりを磨きこんでいけば、そのうち向こうから寄ってくる。友情を大切にして、常に自分を見失わないでいること。これがいちばん大切だ。付き合う価値がある男なら、友達のラインナップよりも君自身に興味を感じてくれるはず。

Tucker

♪/♪ Lorna
友達みんなにレズビアンだと思いこまれてた時期があったけど、すんなり誤解は解けたわよ。「ゲイの子と遊んでるからって、わたしがゲイだということにはならないでしょ」って話しただけ。

そう考えるとやっぱり同じものだと思う。〔アンネ・フランク〕

should I come out to my friend?
友達にカミング・アウトする/しない?

Q. 友達に惚れた
Dear Fiona,

お願い助けて！ わたしは女の子だけど、好きになるのも女の子なの。それはいいんだけど、問題は親友に片思いしちゃってるってこと。片思いなんてめずらしくもないよね。でも相手はストレートなの。この状況、ほんと困ったー！ わたしの気持ちをうちあけたら、彼女きっと引いちゃう。それどころか、ほかの友達にも絶対に話すと思うの。わたし、どうすればいい？ いつまでも黙ってるなんてできないよ！

-Friends Forever
ずっと友達？さん

A. 隠しとおせ！
Dear Friends,

その子はストレートで、告白したら引くのは確実…？ なら、思いをうちあけるなんてそりゃマズいっしょー！ どうやったって振られるの目に見えてるじゃん。せっかくの友情も針のムシロに変わるわよ。わたしならその気持ち、彼女には隠しとおすけどなあ。言ったが最後、彼女との関係もおじゃんだし、ほかの子たちともややこしくなっちゃいそうだし。

ただ、彼女に告白しなくても誰かしらに話を聞いてもらう必要はあると思う。かなり深刻な悩みごとがあるわけで、自分ひとりで抱えこむのはきびしいよ。友達や家族に話しにくいなら、同性愛者の支援団体に相談することもできる。無料・匿名で情報提供してもらえるし、カウンセリングも受けられるわ。

深刻な悩みごとは体の病気を引き起こす。魂が虐げられて

これだけはおぼえといて。たとえ今の状況を友達にわかってもらえなくても、わかってくれる人はほかで見つけられる。いい？ ただし自分から行かなきゃだめだけどね。
がんばってちょうだい。

Fiona

♣/♣ Emily
えー、わたしだったらうちあけない。わたしはバイセクシャルなんだけど、同じように女友達に片思いしてた時期があったなー。レズビアンだってことだけなら、話したきゃ話せばって感じ。でも恋愛感情は絶対ヒミツだよ！

♥/♥ Laura
こころのままに動けばいいじゃない。本当の友達なら、ありのままのあなたを受けいれてくれるはず。同性愛者か異性愛者か、そんなの気にしないでさ。立場は逆だけど、わたしも同じ経験があるの。親友に、友達としてじゃなく好きなんだって告白されてさー。でも別に、だからどうしたって話にはならなかったよ。

my brother is gay
お兄ちゃんのカミング・アウト

Q. どう考えればいい？

Tucker,

どう書いていいものか、とまどっちゃうけど——とにかく書くわ。ある日お兄ちゃんが帰ってきて、家族みんなにゲイだってことうちあけたの。受けいれるのは簡単じゃなかった。お兄ちゃんとは友達みたいに仲がよかったから、すごくつらい時期だったわ。同性愛にアレルギーや偏見をもってるわけじゃないけど、それでもつらかったのは事実。それからしばらくして、よその人に「お兄さんゲイなの？」って聞かれたことがあって、わたしなんて答えればいいのかわかんなかった。「ちがうわ」なんて言ったらお兄ちゃんを恥ずかしがってるみたいだし、お兄ちゃんがそれを知ったらと思うとイヤだったの。かといって「そうよ」って答えるのも、それはそれで勝手にしゃべるなって怒られそうだし…。どうすればよかったのかな？ あと、もう少し自然に受けいれられるようになるには、どうしたらいいの？

< rion >
リオン さん

A. お兄ちゃんのそばに

君がいま感じてる気持ちはごくごく自然なことだと思う。もちろん同性愛嫌悪症とはちがうよ。身近にいる大切な人からこれまで知らなかった大きな事実をうちあけられたら、誰だって混乱する。たぶん君は、自分が思ってたほどお兄さんのことを知らなかったんだという気持ちで愕然としてるんだろう。
いくつかおすすめの方法がある。まず、お兄さんと腹をわって話してみるんだ。同性愛について自覚したのはいつごろか、きっかけはなんだったのか、嫌がらせがこわくはないのか、そのようなことをね。いろいろ話してもらえば、今よりもう少しお

正しいことを知りながらそれを行わないで

兄さんを理解することができると思う。それから、君がおかれてる状況をわかってくれる第三者にも相談すること。アメリカならたいていどこの地方にも、ＰＦＬＡＧ（同性愛者の親と友達の会）の支部がある。これは身近な家族や友人にゲイやレズビアンがいる人たちの団体で、なにかと助けてもらえると思うよ。わからないことを質問すれば答えてくれるし、気がかりなことにはいっしょに対策を考えてくれる。

避けなければならないのは、お兄さんと距離をおいてしまうことだ。いちばん重要なのはゲイかどうかということじゃなくて、やっぱり彼は君の大切なお兄さんだという事実なんだよ。それを忘れないようにすれば、うまくやっていくことができると思う。

がんばって。

Tucker

◆/◆ Charmaine
わたしはカトリックだから、ホモセクシャルを認める気はないの。でもあなたのお兄さんなんだから、あるがままに愛して受けいれてあげるべきだと思う。

★/★ Felicia
このことでお兄ちゃんとの関係がこわれてしまうのはよくないと思うな。なにがあってもお兄ちゃんに対する愛情は変わらないし、いつでもそばにいるってことを伝えるのよ。

♪/♪ Whitney
そのうちにちゃんと受けいれられるようになるよ。わたしはママが同性愛者なの。すごく悩んだこともあったけど、どうにかうまくやっていけるようになれたわ。いったんそうなれば、グッと楽になる。経験者のわたしが言うんだから絶対よ。

I'm crushing on a lesbian
好きになった子がレズビアン

Q. 「男」として見てくれ

Hey, Fiona,

僕は男で、レズビアンの友達がいます。いっしょにいるとほんと楽しいんだけど、彼女のライフスタイルが僕らの仲を邪魔してるようで気になります。っていうのは、僕としてはデートしたりとかそういう、もう少し親密な関係になりたいんだけど…。彼女は僕になんでもうちあけてくれるし、今の関係をこわしたくはありません。どうすればいいんでしょう？

-Eddie
エディー さん

A. あきらめな

Hey, Eddie,

レズビアンの女の子と、その友達の男の子。ふたりの関係が友達以上になることはまずない、と断言しとくわ。ごめんね。でもしょうがないじゃない。同性愛者だということは、「ライフスタイル」や「好み」なんかじゃないの。彼女の本質なんだからね。

たとえあなたがどんなにえらくても、他人の本質は変えられない。当人の問題だもん。無理に変身させようとしてもきらわれるだけだろうね。だから本当にその子を大切に思うなら、この片思いはあきらめて親友のままでいなさい。恋愛関係にならなくたって、あなたたちの友情はかけがえのないもの。おぼえといてね。本当の友達はそう簡単に見つからないんだから、なくしてしまわないよう大切にしなきゃ。

がんばって。

Fiona

愛があれば道は開ける。

♣/♣ Francis
『チェイシング・エイミー』って映画があったけど。映画みたいにはいかないと思うよ。

あたしは女の子がすきなの！

ガクーッ

あなたの学校、同性愛者を認めてる？
ほとんどの学校はそうじゃない、という残念な統計データを紹介します

- 公立高校に通う生徒の97％が、同性愛者をきらうクラスメイトの発言を聞いたことがある。
- 典型的な高校生は、同性愛者に対する中傷を1日に25回も耳にしている。
- 異性愛者に比べて、同性愛の若者が自殺未遂を図る確率は33.3％も高い。
- 同性愛の若者のうち、80％の人は悪口を言われたことがある。44％の人が脅された経験をもち、33％はものを投げつけられたことがある。また、30％の人が追いまわされたり後をつけられたりしたことがある。

(同性愛者の親と友達の会 ［PFLAG: Parents and Friends of Lesbians And Gays］調べ)

〔ドイツのことわざ〕

is my friend gay?
ゲイ疑惑

Q. ナヨナヨしないで

Hey, Tucker,

友達がゲイになったかもしんない！ときどき、すごくゲイっぽい言動を見せるの。ハッとするくらい。本人はちがうって言ってるし、好きな女の子ができたら教えてもらう約束なんだけど、いまだかつて誰かをデートに誘ったとかそんな話は聞かないんだよ。ほんとにゲイだとは思わないけど、それっぽく振る舞われるとわたしなんか引いちゃうのよ。どうしよう？ゲイの人に対して偏見をもってるわけじゃないの。でもストレートなら、ゲイみたいに振る舞うのってどうかと思う。

-Scared
ビビってます さん

A. 誤解してるね

Hey, Scared,

いくつか箇条書きにしてみよう。

1. 「ゲイになる」という言い方はありえない。ゲイである自分を受けいれたり、誰かにうちあけたり、カミングアウトしたりってことはある。でもゲイは「なる」ものじゃない。生まれつきのものなんだ。
2. 「ゲイっぽい言動」というのも意味をなさない。ゲイだろうがなんだろうが、振る舞い方は人それぞれ。君が思いこんでるようなステレオタイプがすべてじゃないよ。
3. 親しい友達のことなのに、知らずにいた大きな事実が発覚する。これはつらい経験だ。ゲイだとかゲイじゃないだ

いつだってわたしは大物になりたいと思ってた。でも漠然とそう思うだけじゃだめ

か、その事実がなんであってもかまわない。ただ、いくらつらくてもそれでなにかが終わるわけじゃない。なにかが始まるわけでもない。ただの新着情報さ。しかもその事実に誰より大きな影響を受けるのは当人だ。当人に比べたら、君の動揺なんて微々たるもの。可能性の低い仮定だけど、仮にその友達がゲイだったとしよう。そのときこそ、君たちの友情が試される。彼にとって君がどれだけ友達がいと思いやりのある人間になりうるか、それを証明するいい機会なんだ。

がんばってくれ。

Tucker

♠/♠ Lindsey
は? それって完璧にゲイへの偏見じゃん。わたしはバイセクシャルで、それを誇りに思ってるんですけど。昔から女にも男にも惚れちゃうし、それって自分では選べないんだよ? 勝手なこと言わないで。

Fiona says: 本気で人を好きになったことってある? 誰かにビリビリッときたらそれがアタリ。どうしようもなく惹きつけられて、筋道たった理由なんて説明できない。ふみとどまることも無理。同性愛問題ってつきつめればこれが答えだと思うわ。つまり誰を好きになるのか、選べもしないことに責任なんて問えないのよ。おぞましいと考えるのもおかしいわよね。恋に落ちるのは理屈じゃない。ある日突然降ってくるものなの。ただしそう簡単には降ってこない。だから、つかんだと思ったら逃しちゃだめよ。誰が誰を好きになろうが、当事者以外の人間があれこれ注文をつけられることじゃないしね。

だったの。どんな大物になりたいのか、つきつめて考えなきゃ。〔リリー・トムリン〕

YOUR FAMILY

カゾク

うちの家族、頭おかしーよ！ みんなそう思ってるんじゃないかな。
僕の場合、うちの家族はいつだって僕が人間だということを忘れて
しまう。人格をもったひとりの人間だということを。僕と僕の家族
とはあまり似ていない。信じてるものがちがうし、好みもちがう。
家族は家族、僕は僕。イコールでは結ばれないんだ。
でも逆に僕のほうも、ともすれば同じことをしそうになる。
彼らだってひとりひとりの人間だということを忘れそうになるんだ。
四六時中僕のことだけを考えて生きてるわけじゃなく、
それぞれ自分のことだって考えてる。
僕がやらないようなことをやることもあるし、
僕なら行かないような場所に行くこともある。
僕とはちがう道を選び、僕とはちがう評価をくだす。僕にとってがま
んがならない人も、家族の誰かにとってはあこがれの人かもしれない。
それじゃ家族ってまったくの異星人なのかっていうと、それもちがう。
家族だって人間、個人の集まりだというだけのこと。
家族を個々の人間の集まりだと考えるのは、
ある意味ショックかもしれない。
だけどこの事実はいつだって忘れないようにしておいたほうがいい。
異星人にしか見えなくなったようなときはとくにね。

Tucker

My family is insane. Isn't it everyone's? See, the thing my family always forgets is that I'm actually a person. As in, an individual. My own person. And I'm not exactly like them; know what I mean? I believe different things. I have different tastes. I'm not their mini-them.
 But I have to remind myself that they're individuals, too. They think about themselves, not just about me. They do stuff I'd never do . . . and go places I'd never go. They make choices I'd never make . . . and have judgments I'd never have . . . and adore people that I can't stand. Does that make them aliens? Nope, it makes them people.
 Shocking, I know. But it's a good thing to remind yourself of this — the part about them being human — especially when they seem like they came from another planet.

my parents act like they hate me!
両親にきらわれてるみたい

Q. なにがいけないの？

Dear Fiona,

家族のことで悩んでる。2年前、13歳になったころから、両親がなにひとつやさしい言葉をかけてくれなくなったの。わたしがチャラチャラしてるって言うのよ。そんなことないのに。いわゆる年頃の女の子ってことで、固定観念にとらわれてるだけだと思うけど。だって思い当たるフシなんかないんだよ？ わたしそんなに悪い子じゃないもん。昔はパパとも仲良しだったのに、今じゃまちがってもわたしのこと、「大切な娘」だなんて言ってくれない。家族の中ではいい子で通ってたんだけどなあ。きょうだいまでわたしを避けてる。そんなパパやママにすごくムカついて何日も口をきかないこともあるけど、別に心配じゃないみたい。今のわたしはこれまでにないくらい家族を必要としてるのに！ どうすればいいのかわかんないよ。

-Ex-daddy's little girl
昔はパパの秘蔵っ子 さん

A. 聞いてみようよ

Dear Ex,

答えはもうわかってんじゃない。両親の愛情がほしい、受けいれてほしい、頭ではわかってんのよね。そうと決まればあとは行動あるのみ！ 家族とのいい関係をとりもどすために、できることはなんでもやってみよう。

まず手はじめに、話し合いの機会を作ること。ひとりずつあたって1対1で話し合うもよし、家族会議をセッティングするもよし。どっちでもいいけど大切なのは、あなたの気持ちを伝え

賢い父親は我が子をよく知っているものだ。

ることよ。チャラついてると言われるのは心外だし、娘として自分がまだ愛されてることを確かめたい、そこんとこきちんと話してみなよ。

言うだけ言ったら、次は向こうの言い分を聞く番。風通しをよくするためにあなたになにができるのか、どうしてほしいのか、パパとママにたずねてみるの。家族とすごす時間をもっと作ってほしいとか、きょうだいの面倒を見てほしいとか、提案してくれたことがあれば実行すればいい。

ムカつくからって事態をますます悪くするようなことしちゃだめよ。問題を見てみぬフリはできても、消えてなくなるわけじゃない。家族を無視したり、自分の部屋に閉じこもったり、そういうのはマズい。避けるべき。んなことしたって疎外感が強まるだけ、そういうやり方で家族をしめ出すのはいけません。コミュニケーションに努めて、なんとかうまくいくようにがんばってごらん。

じゃね。

Fiona

♪/♪ Star
面と向かって対決するより、手紙に書いたら? ちゃんと考えて書かなきゃ意味ないけど。仲間はずれの気分だ、もう少しまともに接したいって伝えるの。どうして避けられてるのかも聞いてみなきゃ。あと、自分が家族を大切に思ってるってこともね。やってみて損はないと思う。

〔ウィリアム・シェイクスピア「ベニスの商人」より〕

parental pressure
親の期待

Q. もうやだ

Tucker,
水泳の選抜チームに入ってるんだけど、もうやめたいの。毎日毎日、1日6時間ちかく泳いでる。いい加減うんざりしてきちゃった。だからやめたいって言ったのに、両親はゆるしてくれない。成績は悪くなる一方だし、友達とは疎遠になっちゃったし、オールAの優等生を期待されても困るよ。助けて！

-Sick of water
水はウンザリ さん

A. ありがた迷惑だよね

Sick,
親ってものはときとして、子どもに過剰な期待をかけすぎてしまうことがある。成功してほしいと願う気持ちに目がくらんで、肝心の子どもが不幸になってても気づかないんだ。ほんと勘弁してほしいよね。君の親も娘の可能性を信じてくれてるんだろうな。だからこそきびしい要求をつきつけてくる。でもそれが行き過ぎてないか、たまには冷静になってもらわなくちゃ。

家族会議を招集しよう。やめたい気持ちは話したみたいだけど、別の角度からもう一度トライするんだ。それだけの価値はある。まずアポイントメントをとって、約束の日時に全員着席。君の悩みのタネをひとつずつ、議題に出して検討するんだ。あらかじめリストを作っておくのもいいだろう。とにかく今のままではくるしいんだってことを説明するんだよ。うまい折衷

案が見つかるかもしれない。「毎日毎日、1日6時間」の代わりに、「週に数日、1日2時間」に減らすとかさ。
それでも両親が聞きいれてくれないようなら、水泳のコーチやスクール・カウンセラーに相談するという手もある。いずれにしても、あまり長くがまんしてちゃだめだよ。
水泳はハードでやりがいのあるスポーツだけど、楽しくなくちゃね。

Tucker

家庭内ケンカ統計

両親とどんなことでケンカになる？
13～17歳の500人に聞きました（1996年、ギャラップ社の世論調査より）。

- 部屋の掃除、整理整頓（49%）
- 学校、とくに成績（35%）
- 服装や友達付き合い（20%）
- 音楽の趣味、聞くときのボリュームなど（20%）
- ドラッグか飲酒、またはその両方（20%）
- デート関係（16%）
- 宗教、信仰（9%）

知らないがゆえに芽生えた才能なのだ。〔マヤ・アンジェロウ〕

dad's female friend
パパの女友達

Q. 不倫じゃないの!?

Dear Fiona,

うちのパパ、毎週水曜日にはかならず出かけるの。どこ行くのって聞くと「うるさいな」って言われるけど。行くとこはわかってる。友達に会いに行くのよ。なにが困るってそれが女の人なんだもん。メールを開いては「お。✳︎✳︎✳︎から来てる」。電話が鳴ったら「たぶん✳︎✳︎✳︎だ」。誰か食事に招待しようってことになると、「知ってるもん。どうせ✳︎✳︎✳︎でしょ」──わたしが言っちゃうくらいだもんね。

信じられないのが、ママがぜんぜん気にしてないってことよ。ママの友達もみんなそう。見てるわたしがやきもきしちゃう。ママには言ってみたんだけど、そしたらなんて答えたと思う？「✳︎✳︎✳︎さんともっと話してみたらどう？ そうすればあの人のことがよくわかるから」だって！ もちろん断ったわよ。しかもその人、わたしに母親ヅラしたがるのはどういう魂胆？ 警戒してるのはわたしだけなの。どうすればいい？

-Utterly Pissed Off
ムカつく！さん

事実と真実は、それぞれ別個のものだ。

A. たしかに不安だけども

Dear U. P. O.,

パパとその女友達の関係に脅威を感じてるわけね。気になるのは当然よねー。両親の結婚生活がうまくいってるかいってないか、それってモロにあなたの生活にも影響してくるところだもん。その女性とパパがいったいどういう関係なのか、娘のあなたには疑問に思う権利がある。たずねてみる権利もね。家族みんなで話し合う場を作ったらどう? あなたが感じてる不安を説明すんのよ。

いちばんありうる展開としては、ふたりはたんなるオトモダチってやつね。納得するのはむずかしいかもしれないけど、親だってあなたと同じで人間なんだから、異性の友達がいたって責められることじゃない。自分におきかえて考えてごらんよ。女の子の友達もいるし、男の子の友達もいるでしょ? 年齢を重ねてもそれは変わらないの。結婚したって同じこと。

ママ的にパパと ✻✻✻ さんの交友関係を承知の上で心配してないようなら、まず問題ないと思う。やきもきするような関係じゃないってこと。まあこんなことは、わたしから言われるより当人から直接聞いたほうがいいでしょ?

さ、話してみなよ。

Fiona

♪/♪ Bernie
わたしもそういうことあった。ただしうちの場合、パパはほんとに浮気してたんだけどさ。わたしに言えることは、なにがあってもパパはパパ。親として娘を気づかう気持ちは変わらないってことよ。ママにはあなたから愛情を示してあげるといいんじゃないかな。

〔ウィリアム・フォークナー〕

my parents' divorce is taking over my life
離婚のしわ寄せ

Q. 僕には僕の都合がある

Dear Tucker,

別居中の両親は同じ市内に住んでる。ふたりが作った取り決めで、平日はママん家、週末はパパん家ですごすことになった僕。まーそりゃ別にいいけどね。どっちの親も大切だし。だけどそのせいで、週末は友達と遊べないんだ。パパをつきはなすようで悪いけど、市の反対側でパパん家にいると友達とろくに会えないんだもん。どーすりゃいいの？

　　　　　　　　　　　　　　　　　　　　　　　　　-Torn
　　　　　　　　　　　　　　　　　　　　　　　ちりぢり さん

A. 思いきって交渉を

Dear Torn,

その気持ち、わかるなあ。「あのー、もしもし？ おふたりの離婚は僕のせいじゃないスよね？ なのにどーして僕のとこにしわ寄せが？」。そんな感じ。理不尽に思うのも当然だけど、残念ながら離婚となると巻き込まれずにすむ方法はない。行ったり来たりするくらい、巻き込まれ方としてはマシなほうだと思う。もっと悲惨なのがいくらでもあるからね。それでもやっぱりやっかいなことに変わりはないし、君の交友関係にまで影を落とそうとしてる。僕だったら代案を出すよ。パパとすごす週末を減らして、減った分は平日の夜に組み込むんだ。

ただし代案を出すには注意が必要だね。出し方をまちがえると、どろどろにもつれたファミリードラマになりかねない。君がより多くの時間をいっしょにすごそうとしているのはどっちとなのか、どっちがより好かれているのか、あれやこれやでふたりが気をもんで、険悪な雰囲気になってしまうかもしれない。そ

つらい境遇を甘んじて受けいれることもある。いずれにせよ、そこで日々生き抜いて

うなることを避けるには、紙に書いて渡すのがいちばんだと思う。代案を書いて、ふたりにコピーを配るんだ。パパもママも大切だけど、学校の友達も大切。友達とすごす週末も必要なんだってことを書きそえてね。口頭じゃなく紙でなら、考えたことが素直に伝わるだろう。親同士の綱引きでもみくちゃにされることもないし、君の希望がかなえられる可能性も高いと見た。健闘を祈る。

Tucker

P.S. できれば、行ったり来たりの送り迎えはいらないって言ってごらん。僕の場合、そこんところがネックだったんだよなー。車がない？ ないならないでバスを使えよ。多少面倒でも今よりマシだろ？

P.P.S. つらい時期かもしれないけど、この経験で君は大きく成長できる。自立した人間になれるし、自信もつく。その点は僕が保証するよ。だから今はがんばれ。

♥/♥ Divorce bites
わたしのまわりで親が別れてない子ってほとんどいない。ふたりの家がちかいだけラッキーだと思うよ。

離婚についての統計

1990年：
- 子どもの1.6%は、その両親が離婚している
- 子どもの1.6%は、離婚した両親の共同養育を受けている

1998年：
- 1998年の1年間にアメリカで成立した離婚は95万5000件
- 18歳以下の子どものうち、27.7%が単親家庭
- 単親家庭のうち、85.1%が母子家庭

（米国社会保健福祉省調べ）

my sis wants to move out!
お姉ちゃんが出て行っちゃう！

Q. どうすればいいの？

Hey, Fiona,

どうしよう、ほんとこわい！ ママとお姉ちゃんが大ゲンカしたんだ。お姉ちゃんが出て行っちゃうかもしれない。パパと新しいお母さんの家に行くって。そんなの僕はいやなんだけど、ママとお姉ちゃんが折り合い悪いのも事実なんだ。僕が生まれる前からそうなんだって。なんのことかわかんないけど。ヘタに首をつっこんだりせずに、指をくわえて見てるべきなのかな？ それともケンカの仲裁に入ったほうがいい？ 僕は両方と仲良くやってるんだ。でもふたりがそれぞれ僕を味方に引っぱりこもうとしてる。どうすればいいの？

-Anonymous
名なし さん

家族の振る舞いを見るときは、あら探しせず

A. 素直な気持ちを伝えて

Hey, Anonymous,

親とケンカしたことのない子どもなんてひとりもいないんじゃないかと思うけど、君のママとお姉さんのケンカくらいまでなるとちょっと深刻よね。ビビるのも無理ない。

この際、全員巻き込んじゃいなさいよ。ママでしょ、お姉さんでしょ、あとパパも。お姉さんに出て行ってほしくないというあなたの気持ちをみんなに伝えるの。だからって出て行く人をとめることはできないかもしれないけど、気持ちを吐き出すことでずいぶん楽になれるはず。それから、ふたりがあなたを引っぱりこもうとしてるのは、あいだに入って仲裁役をたのみたいんじゃないかって気がするけど。できる範囲内でいいから、ふたりの緊張をほぐしてあげたらどうかな。

忘れないでほしいのは、たとえふたりが仲直りできなかったとしても自分を責めちゃだめってことよ。お互いいたわりあえる関係をきずくためには、頭を冷やす期間がどうしても必要なのかもしれないしさ。

健闘を祈る。

Fiona

♫/♫ Goldie
わたしも、これとまーったく同じことがあったの。出てったお姉ちゃんがわたしだけどね。父さんと、義理のお母さんと、かえって幸せに暮らしてる。だけど弟にはすごく会いたいと思ってるのよ。

♠/♠ Tiny
それぞれ別な機会を見つけて、ふたりに自分の気持ちを話してみなよ。手紙のがラクならそれでもいいけど。枕の下に入れとくかとか。仲直りしてくれるとはかぎらないけど、少しは考えてくれるかも。

良いところを探せ。〔ユダヤのことわざ〕

my bro is a f***-up!
兄さんに失望！

Q. ガッカリだよ

Tucker,
何日か前、兄貴の車でママがタバコを見つけたんだ。飲み会の帰りに送った友達が忘れてったんだって。嘘じゃないって信じたい。僕は兄貴のこと、すごく尊敬してるんだ。でも確実にほんとのことなんてわかりっこないじゃない？　だからすっかり混乱しちゃってる。兄貴みたいになりたいけど、僕はタバコなんか吸いたくないんだ。不潔だし健康に悪いし、スポーツのためにもよくないから絶対に吸わないって、兄貴も言ってたんだけどなあ。兄貴の言葉を信じるか信じないか、途方にくれてる。

〜KC〜

A. 兄貴は兄貴、君は君

Hey, 〜KC〜,
いちばんお手本にしてた人が、いちばんお手本らしからぬことをする。もしくは、するかもしれない。その実例を目の当たりにしたわけだね。それはそれは、ざーんねんでした！　ガッカリだよね。兄さんが嘘をついてるのかどうか、僕には見分けようがない。でも君が自分の生き方を選ぶとき、兄貴がどうだろうとそれはまったく関係ない話だよ。
君にとってはスーパースターかもしれないが、兄さんだってただの人間。完全じゃないのさ。お手本にするのは別にいいけど、どんなところにあこがれて、どんなところはマネしたくないのか、自力で境界線を引けなきゃだめだよ。兄貴の弟である以前に、ひとりの人間として君の存在があるんだからね。

タバコの件は僕なら保留にする。疑わしきは罰せず、だ。そんなことより大切なのは、あくまで君は君独自の判断で生きていくべきだってこと。
しっかりやれよ。

Tucker

★/★ Laura
たかがタバコでしょー？ 注射器使ってるとこに出くわしたっていうなら、動揺するのも無理ないけどさー。

◆/◆ Brandy
喫煙／非喫煙で兄貴の人間性まで変わるわけじゃないし、そんなことで見る目を変えちゃイカン。どうしても知りたいなら直接ハッキリ聞けばいいのに。

Fiona says:
親元で暮らす以上は、親のルールにしたがうべき。
でもカン違いしないでね。なにもかも親そっくりにまねる必要はないのよ。同じ宗教、同じ振る舞い方、同じ人付き合い、同じ服、同じ音楽、同じ料理、そういうんじゃないの。
あなたがなにを信じ、誰と付き合い…（きりがないから省くけど）、それは全部、最終的にはあなた自身が決めること。だから新しい友達を作るもよし、新しいことにチャレンジするもよし。すばらしい経験ができると思う。
ただし、親の目を盗んでコソコソやるのはいただけない。世の中の親がいちばん腹をたてるのは、たいていこの「コソコソ」なのね。
親のルールをたたきこわさなくたって、自立したきゃできんのよ。あなた次第でね。

悩みではない。〔アメリカのことわざ〕

おネーちゃん…。

did my sister's bf hit her?
お姉ちゃんは彼氏に殴られたの？

Q. みすごすわけには…

Dear Tucker,

相談したいのはお姉ちゃんのこと。心配なの。自慢のお姉ちゃんだけど、タチの悪い彼氏と付き合ってる。ジャンキーで有名なんだよ、そいつ。更生施設に入れられてたくらい。で、ゆうべお姉ちゃんは目のまわりに青あざ作って帰ってきた。うっかり彼のひじがぶつかったんだって言ってたけど…。これってやっぱり、心配だよね？

-Wondering
どうなんだ さん

A. パターンに注意

Dear Wondering,

心配するべきか、ほっといていいのか、見きわめるのはむずかしいね。本当にうっかりひじが当たっただけで、お姉さんは起こった事実そのままを話しているのかもしれない。でも、嘘をついてるのかもしれない。しっかりわかり合えてるように見え

思惑のあるアドバイスを真に受けるな。

る人々が実際はそううまくいってないなんてザラに聞く話だし、悪くすればお互いを傷つけあうような関係だってありうる。だからと言ってお姉さんの交際相手を非難したところで、なんの役にもたたないだろうね。たとえダメ男だと知っていても、そんなことをすればお姉さんを怒らせるだけだ。彼をこきおろすことは、そんな相手を選んだお姉さんも非難することになる。お姉さんにしてみれば、彼氏の悪口なんて聞きたくもないだろう。だけど、さりげなく一度お姉さんと話してみる必要があると思う。君にとって「自慢のお姉ちゃん」なんだということを伝えた上で、それでもやっぱりあの彼氏は好きになれない、ろくでなしに思えてしかたがないって話してみるんだ。そいつのどこがよくて付き合ってるのか、お姉さんが説明してくれるように仕向けるんだよ。その話を聞けば、なーんだ案外まともじゃんって思えるかもしれない。

本当に心配しなくちゃならないのは、なにかのパターンが見えてきたときだ。新しいあざや傷をつけて帰ってきたり、君に会えない言いわけにつじつまの合わないことを言ったり、どこかへんだと感じることが続けて起こるようになったら、今度こそアクションが必要だ。あせりは禁物だけど、そんなふうにパターンが見えてきたら躊躇してるヒマはない。誰か信頼できる人に話すんだ。両親でもいいし、カウンセラーや教師、親友、聖職者、誰でもいい。電話帳で暴力被害の相談窓口やホットラインをさがしてあたってみるのもいい。

結論に飛びつかず、でもしっかりと目を光らせていよう。どんなときもついててくれる君のような妹がいて、お姉さんはとてもラッキーだ。

Tucker

P.S. 更生施設を出た彼は生まれ変わってるかもしれない。僕はこころからそう願ってるよ。誰しもドラッグを克服した人間には、再出発のチャンスがあるんだ。

〔イソップ物語「しっぽを切られたキツネ」より〕

my parents snoop!
両親がスパイするんだけど？

Q. いいかげん怒るよ
Dear Fiona,

もー最悪。気が重い。この悩みのせいで、頭おかしくなっちゃいそうよ。両親がすごくうるさいの。えーとつまり、ふたりの辞書には「プライバシー」という言葉がないのね。わたしが電話してれば聞き耳たててるし、かってにメール読むし、こっそりわたしの部屋に入ってなんでもかんでも見ちゃうし。ものがなくなってることもあって、しかも返してくれなかったりすんの！

別に隠さなきゃいけないことがあるわけじゃないけど、なんだってそう嗅ぎまわらなきゃいけないわけ？ かってにわたしの部屋に入ってあちこち見るなんて、そんな権利ないと思うんだけど。友達との会話を盗み聞きする権利もないよ。わたしの人生にだって、自由ってものがあるはずでしょ？

そんなこんななんだけど、両親のスパイ行為をやめさせる手立てってなにかないかな？ もうがまんも限界なの。

-**Frustrated Teen**
マジギレ10代 さん

A. 安心させてあげよう
Hey, Frustrated Teen,

ママ＆パパとちょっとばかりお話しするときがきたようね。娘が道をあやまりやしないか、心配のしすぎで妄想がつっぱしってんのよ。あなたのなにを心配してるのか知らないけど、今ひとつ安心できないんじゃないのかね。なにかあってもあなたが話してくれないんじゃないかって疑ってる。あちこち嗅ぎまわるのをやめてほしいなら、心配ご無用ってことを証明して見せなくちゃ。

愛するならすべての者を。信じるなら一握りの者を。

隠しごとなんて別にないんでしょ？ ならご両親に説明してあげなよ。心配されるようなことはなにもしてないって。セックスもしてないしー、ドラッグもやってないしー、カルト宗教にもハマってないしー…（以下省略）。その上で、娘を信頼して、娘のプライバシーを尊重してくれるようにたのむの。あと私物にさわるなってことも。

それからもうひとつ。ふたりのスパイ行為をやめさせるにあたっては、日記だのなんだのあちこちさぐらなくてすむように、あらかじめ十分な情報提供をおこなうこと。

残念ながら、そこまでやって効き目ナシってこともありうるわ。子どもがいくら言っても、愛するわが子を守るにはスパイ行為しかないと信じこんじゃってる親、いるもんねー。ご両親がそのタイプだったら、あなたも気をつけなくちゃ。あいかわらずコソコソやってるかもしれない。そうなったら、それなりに防衛線を張るしかないわ。

うーん、幸運を祈る！

Fiona

♥/♥ Rosa
うちの両親もまさしくそうなの。手段を選ばないもん。そういうのがはじまってからというもの、わたしの生活にプライバシーなんてなくなったわ。男の子の写真でも隠してるんじゃないかって、パパはフロッピーディスクまで検索するし。その手のものが入ってるのを見つけたら削除しちゃうんだよ！ ひえー！

♣/♣ Jennifer
正面からぶつかるしかないんじゃないの？「ちょっとー、わたしにもプライバシーがあるのよ」って。それでだめなら「ほんとムカつくんだけど！」って言うのね。

〔ウィリアム・シェイクスピア「終わりよければすべてよし」より〕

SIGN-OFF

おわりに

考えるに値するネタを提供できたなら嬉しい。それがアドバイスをする者として僕らのつとめだ。アドバイスとは、悩みを解決することが本当の目的ではない。君が自分で選択できるように、ひとつふたつ新しい視点を切り取って見せることがねらいだ。

なぜかは自問自答してみればわかる。君がおかれた状況を、君よりよく知ってる人間がいるだろうか？ 誰ひとりいない。僕とフィオナですらそうだ。最終的に決断をくだすのは君自身。それができるだけよい決断となることを、僕らは祈ってやまない。

ときにはまちがった決断をして大失敗することもあるだろう。この地球上に生きる人間なら誰でもあやまちはおかす。だが、苦い経験をつめばつむほど、失敗したからといってこの世の終わりではないということがわかってくるはずだ。たとえその時点では、なにもかもおしまいだとしか思えなくても。くるしい決断を迫られることもある。でもそこから君はなにかを学びとれる。そして次回は、もっとうまく対処できるようになっている。

やがては問題解決の達人にだってなれるかもしれない。アドバイスを求めてた君が、アドバイスを求められる側になるんだ。その日のために今から準備しておこう。いざというとき、せめて相手の話に耳をかたむけられるように。できれば的確な言葉をいくつか返してあげられるように。とにかく生き抜け。そして少しでも君がハッピーな気持ちでいてくれればと思う。

Peace,
Tucker and Fiona

We hope we hit you up with some useful things to think about. That's our job as advice people — not to solve problems, really, but to give you another point of view (or two) so you can make your own choices.

Think about it. Who knows your situation better than you do? No one. (Not even us.) In the end, you have to make your own decisions. Good ones, we hope.

Unfortunately, every once in a while you're bound to screw up and make a bad decision. Just like everyone else on the planet. But the more it happens, the more you realize mistakes aren't the end of the world (even if it feels that way at the time). You'll get past the rotten decisions and learn from them. And next time around, you'll handle it better.

You might get so good at problem solving that you'll be the one giving advice! And you'll be prepared . . . at least to listen and maybe to pass on a few words of wisdom.

Whatever you do, be safe and stay happy.

help lines
ヘルプライン

コマッテル理由	相談先・ヘルプライン
アルコール・薬物依存 →	精神保健福祉センター
摂食障害 →	社団法人日本家族計画協会
うつ・自殺・家出 →	社団法人日本家族計画協会、いのちの電話
ゲイ・レズビアン →	HIVと人権・情報センター、アカー（動くゲイとレズビアンの会）
レイプ・虐待・近親相姦 →	警察庁、子どもの虐待防止センター
セックス・性感染症・妊娠 →	社団法人日本家族計画協会
エイズ →	HIVと人権・情報センター、財団法人エイズ予防財団、HIV検査・相談マップ

相談先・ヘルプライン

■精神保健福祉センター
こころの健康相談、アルコール・薬物依存者とその家族の相談を受付。各都道府県・政令指定都市に1ヶ所以上設置。全国のセンターへのリンク先一覧掲載HP：
http://www.gender.go.jp/e-vaw/advice/advice10list.htm

■社団法人日本家族計画協会　http://www.jfpa.or.jp/
思春期・FPホットライン
　　思春期の身体、こころ、性、避妊に関する相談：03-3235-2638（月～金10:00-16:00）
ピルダイヤル
　　ピルを中心とした避妊全般に関する相談：03-3267-7776（月～金10:00-16:00）

■いのちの電話　http://www.inochinodenwa.or.jp/
24時間受付電話番号：03-3264-4343
聴覚・言語障害者専用ファクス番号：03-3264-8899
匿名可。全国相談番号一覧：http://www.inochinodenwa.or.jp/03-denwa.htm

■HIVと人権・情報センター　http://www.npo-jhc.com/
エイズに関する不安に答える電話相談：東京 03-3292-9090
　　　〃　　　　　ファクス相談：東京 03-5259-0619
ゲイ・レズビアン専用回線、英語による相談番号あり。
全国支部8ヶ所相談番号一覧：http://www.npo-jhc.com/act_tel.htm

■アカー（動くゲイとレズビアンの会）http://www.occur.or.jp/
レズビアン／ゲイの相談員がプライバシー厳守で対応。
ヘルプライン for ゲイ：03-3380-2269（火・水・木 19:00-22:00）
ヘルプライン for レズビアン：03-3380-2269（第1・3日曜日13:00-16:00）

■警察庁　http://www.npa.go.jp/
性犯罪相談電話設置一覧：http://www.npa.go.jp/sousa1/index.htm

■子どもの虐待防止センター　http://www.ccap.or.jp/
子どもの虐待110番：03-5300-2990（月〜金10:00-17:00、土10:00-15:00）

■HIV検査・相談マップ　http://www.hivkensa.com/
全国の検査・相談窓口を検索できるHP。

■財団法人エイズ予防財団　http://www.jfap.or.jp/
フリーダイヤルによるエイズに関する電話相談：0120-177-812（月〜金10:00-13:00、14:00-17:00）

Fiona

ろくでもない彼氏、友達の裏切り行為、家族とのイザコザ…。WEBサイトAlloy.comのお悩み相談室で日夜悩みごと解決に体当たり。そんなフィオナはニューヨーク在住のキュートな女性。同サイトの「sex ?'s(セックスの謎)」ではタッカーとともに回答の執筆を担当している(←お母さんには内緒にしてるらしい)。そのほかファッション、エンターテイメント、クイズなど、執筆コンテンツ多数。Alloy.comにアドバイスを載せるようになってからというもの、毎日のように友達が誰かしら相談をもちかけてくるとのこと。とくに元カレからの問い合わせが多い。たいていは平気な顔をしているが、たまに動揺を…いやいや。オフタイムは親しい友人たちとくつろいだり、部屋の片付けをしたり、ペイヴメントのライブでおおはしゃぎしたり、靴を買ったり。悩みごとがあるならフィオナまでどーぞ。
askfiona@alloy.com

Tucker

Alloy.comの男性お悩み相談員。彼に白羽の矢が立ったのは、ありとあらゆるティーン誌で原稿を書きちらしてきた功績によるものではない（大人向けの雑誌でライターをしてたことも。ただし、いわゆる「成人誌」ではないのでしからず。ほんとなんです、信じてやってください）。ではなぜこいつかといえば、みずから悩みごとの数々をくぐり抜けてきた猛者だから。あんな悩みもこんな悩みも、みーんな経験ずみ。しかもネタによっては一度でこりず二度まで悩んだ経験をもつ。自前で実績のない相談があったとしても受けてたち、全力で感情移入するという逸材だ。悩みごとを持ちこめば、いちいちかならず答えてくれる。聞いてないし聞きたくもないことまで言ってくるのは、あふれる誠意によるものだろう。ぜひお試しあれ。
asktucker@alloymail.com

日本語版補足

この本の原著は、アメリカのWEBサイトAlloy.com (http://www.alloy.com/) のQ&Aコーナーから生まれました。そのため、相談の背景となる生活環境が日本とは若干異なります。そうした違いになるべく違和感をおぼえずサクサク読んでもらえる本にしたかったので、訳注は付けませんでした。その代わり、学年や洋服のサイズ表記など、日本の場合に置き換えて書けるものは置き換えています。そうでないものには「アメリカでは」のように限定した書き方をしていますが…
「じゃあ日本ではどうなってんのよ！？」
ごもっともです。本文と関わりのある内容から下記にいくつかピックアップしてみました。参考情報としてお読みください。

◆学校制度

［スクール・カウンセラー］
　本文中に何度も登場する「スクール・カウンセラー」は、アメリカ合衆国ではすでに一般的な存在です。ほとんどの学校に公的な認定を受けたカウンセラーが在籍し、勉強や進路のことから生活上の悩みまで、幅広く相談に乗ってくれます。
　<u>日本では？</u>　1995年に現在の文部科学省が調査研究を開始し、ようやく軌道に乗り始めたところです。残念ながら公立の小・中高等学校での配置状況は、2002年までにやっと1〜2割程度。私立校ではもう少し多いかもしれませんが、全体的に見ると大半の生徒は相談できる専門家が身近にいません。フィオナやタッカーも言っているように、必要なサポートは自分から探しに行きましょう。詳しくはこの本のヘルプラインを参照してください。

［学校でのセクシャル・ハラスメント対策］
　アメリカ合衆国法典には、「(連邦資金による教育プログラムでは) 性別の違いによって等しく教育を受ける権利を侵害してはならない」ことが明示されており、教育省公民権局が違反に目を光らせています。
　<u>日本では？</u>　地方自治体ごと、学校法人ごとに事情が異なります。セク

シャル・ハラスメントが人権侵害であるという認識は広まってきましたが、対策規程を設けている組織ごとに、「セクハラ」の定義もまちまちです。通っている学校に規程があれば、読んでおくことをおすすめします。規程の有無に関わらず、親や担任、校長先生などまわりの大人が助けてくれないようであれば、ヘルプラインを参照し相談窓口を探しましょう。

◆医療制度

[保険のしくみ]

アメリカでは、民間の医療保険への加入が一般的です。本文にもあるように、家族に知られたくない場合は請求書や明細通知を別にしてくれるケースがあるようです。

日本では？　「国民皆保険」といって、公的医療保険（健康保険または国民健康保険）への加入が義務づけられています。医療費は窓口で現金支払いする場合がほとんどですが、保険証の発行機関によっては、受診した病院名や科名が明細通知されるので注意が必要です。秘密を守るためには自費で受診する（あらかじめ申し出て、保険証も提示しない）方法がいちばん確実。とはいえ、保険適用時の何倍ものお金がかかります。病院や地方自治体によっては、専門家による健康相談窓口（無料）を設置していますので、ヘルプラインを手がかりにして調べてみましょう。また、病院で受けた妊娠検査や性感染症検査などには保険が適用されません。家族に知られる恐れが少ない反面、数千円〜１万円以上の費用がかかります。あらかじめおおよその料金を問い合わせておきましょう。エイズを含む数種の性感染症検査については、地方自治体が運営するほとんどの保健所で無料・匿名の受検が可能です。

日本語版補足のための参考資料

◆学校制度
___

[スクール・カウンセラー]

文部科学省ホームページ（運営：文部科学省）
http://www.mext.go.jp/

    ▼スクールカウンセラーの配置状況
    http://www.mext.go.jp/b_menu/public/2003/03041125.pdf

    ▼スクールカウンセラー活用事業の事業評価書（平成14年度新規・継続事業）
    http://www.mext.go.jp/b_menu/houdou/13/09/010924/03/3-07.pdf

あるスクールカウンセラーのつぶやき（運営：個人）
http://homepage1.nifty.com/sc/

    ▼スクールカウンセラーという職業
    http://homepage1.nifty.com/sc/sc04.html

政策研究の広場（運営：岐阜県地方自治大学校政策研究チーム）
http://www.pref.gifu.jp/s21401/kenkyu/

    ▼学校崩壊等に焦点をあてた教育の在り方
    http://www.pref.gifu.jp/s21401/kenkyu/1/1_25.htm

[学校でのセクシャル・ハラスメント対策]

文部科学省ホームページ（運営：文部科学省）
http://www.mext.go.jp/

    ▼セクシュアル・ハラスメント防止に対する
    各都道府県及び指定都市教育委員会の取組状況について
    http://www.mext.go.jp/b_menu/houdou/12/12/001266.htm

セクハラ相談室（運営：丸の内総合調査事務所）
http://www.h4.dion.ne.jp/~sekuhara/

▼セクシャル・ハラスメントの法的責任
http://www.h4.dion.ne.jp/~sekuhara/houteki-jinken.htm

The United States Department of Labor Home Page（運営：アメリカ労働省）
http://www.dol.gov/

▼教育修正条項第9条
http://www.dol.gov/oasam/regs/statutes/titleix.htm

◆医療制度

けんぽれん（運営：健康保険組合連合会）
http://www.kenporen.com/

▼医療保険制度の基礎知識
http://www.kenporen.com/main/01_01.html

健康保険なんでも百科（運営：個人）
http://www.aa.aeonnet.ne.jp/~masat/

▼健康保険の仕組み
http://www.aa.aeonnet.ne.jp/~masat/sikumi.htm

ＳＰＩＣＥ（運営：三井住友海上火災保険株式会社）
http://spice.ehokenstore.com/

▼【医療事情】アメリカ
http://spice.ehokenstore.com/travel/usa.html

日通海外引越（運営：日本通運株式会社）
http://www.nittsu.co.jp/heart/

▼海外生活情報　衛生・医療関連　ニューヨーク［アメリカ］
http://www.nittsu.co.jp/heart/lifeinfo/li_nyc/li_nyc_e.htm

訳者あとがき

現在「思春期」と呼ばれる年齢にある人と、いつまでも「思春期」が終わらなくてコマッテル人にこの本を捧げます。「思春期」なんていうくくり方、どうかと思うんだけど。ともかく10年前にこんな本と出会えていたら、今のわたしはなかったかもしれません。

なぜこんなに居心地が悪く、なぜこんなにあちこちでつまずいてしまうのか？ いまだによくわからない閉塞感であぷあぷしがちなわたしにとって、フィオナ＆タッカーの現実的・実用的な回答は、大変に気持ちの良いものでありました。爽快。（…タッカーにはときどきムカつきましたけど。ええ。）いずれにせよこの本は、問題の解き方を教えてくれます。語調はきびしくても、正論を押しつけてはこない。ふたりが教えてくれるのは、ただひとつの正解じゃなくて、目の前の「コマッタ！」を切り抜けるためのヒントなんです。

わたしの場合、抱え込んだ混乱は「思春期」と心中してくれるのだと信じてました。カン違いに気づいたときは、「もしかしてこれ、一生続くんですか？」という感じ。前も後ろも真っ暗。かんべんしてよ、とつぶやいたものです。どこで最初に間違えたのだろう？ どこまでさかのぼれば、リセットできるのだろう？ 何が正解かもわからないまま、明日はどんなふうにふるまえばいいのだろう？ 際限のない不安に飲み込まれて、まっすぐ立っていられなかったのです。船酔いのように吐き気がしました。

でもいったんどん底にタッチしたら、水面の光も見えてきた気がします。漠然とした不安を切り取って捨てることは難しくても、目先の困ったことになら、的確な対処も夢じゃない。っていうか、屁でもない？ 慌てず騒がず現実を見ること。すべてを一度に解決しようと焦らないこと。闘う力を配分して、食い尽くされてしまわないよう気をつけること。訳しながら再確認しました。まっすぐ立てなくてもいい。わたしたちは、１秒もサボることなく生きている。

最後になりましたが、この機会を作ってくれた太陽出版の皆様、どう

もありがとうございます。これまで関わったすべての人にもありがとう。わたしがきらいなヤツにもありがとう。この心境を考えると、10年前に出会えてなくてよかったのかもしれません。やはりどこかに出口はあるのでしょう。生き抜くことが肝心。そう思います。

読んでくれたみんなにも、水面の光が届きますように。

　　　2003年6月　　Björk ♪Hyper-ballad を聞きながら

佐伯若菜

佐伯若菜（さえき・わかな）
1976年、広島生まれ。東京在住。
好きな飲みものはコーヒー牛乳。結婚アレルギー。

大庫うるみ（おおくら・うるみ）
1977年、香川生まれ。東京在住。
キグルミが好き。猫が好き。チャイナドレス派。

コマッテル？

2003年7月20日 初版第1刷発行

著者　タッカー・ショウ＆フィオナ・ギブ
訳者　佐伯若菜
イラスト　大庫うるみ
装幀　高市美佳

発行者　籠宮良治
発行所　太陽出版
113-0033　東京都文京区本郷4-1-14
TEL 03-3814-0471 / FAX 03-3814-2366
http://www.taiyoshuppan.net/

印刷　壮光舎印刷
製本　井上製本所
DTP　二十一世紀ボックス
ISBN　4-88469-327-2

★ 大人気!『エピソードBOOK』シリーズ ★

テイクアウトSMAP
大野 潤［著］ ￥1,300
『木村拓哉・窪塚洋介の確執』の真相
他、SMAPの『今』を徹底レポート!!

SMAP一丁!
大野 潤［著］ ￥1,300
『スマスマ』番組史上最大のトラブル発生
『SMAP』の素顔に迫る!

嵐のじかん
スタッフ嵐［編］ ￥1,200
ゼッタイ見逃せない『なまなま嵐』
最新情報＆エピソードが満載!!

ゲッツ!V6 ～カミセン☆スペシャル～
スタッフV6［編］ ￥1,200
カミセン初主演映画舞台ウラ話
他、V6最新情報＆エピソード！

ぶっちゃけ!KAT-TUN
スタッフJr.［編］ ￥1,200
デビュー目前!?マル㊙情報!!
KAT-TUNプライベート情報満載!!

ぜんぶ!Ya-Ya-yah
スタッフYah!［編］ ￥1,200
『Stand by Me』舞台ウラ話他、
最新情報＆エピソードが満載!!

Ya-Ya-yahお・も・て♥

Ya-Ya-yahウラ♥ウラ
スタッフYah!［編］ 各￥950

お仕事舞台ウラエピソードから、
未公開オフ²エピソードまで……
『素顔のYa-Ya-yah』を大公開!!

ザ・光一 TO 剛
ザ・剛 TO 光一

スタッフKinKi [編]
各¥1,300

『堂本兄弟』『ＳＨＯＣＫ』他、
出演TV＆ステージ舞台ウラ話
…未公開オブ²エピソードも満載!!

Fw>KinKi Kids
Re>KinKi Kids

スタッフKinKi [編]
各¥1,200

KinKi Kidsの『CDデビュー当時の
お宝のエピソード』から最新未公
開情報までを一挙公開!!

w-inds. FLAME Lead
スーパーコラボ・エピソードBOOK

buddiesパーティ [編]　¥1,200

**スタッフだけが知ってる
『素顔のw-inds. FLAME Lead』を初公開!!**
★ついに実現!? w-inds.の『シークレットライブ』
★FLAMEとモーニング娘。の『合コン疑惑』発覚!?
★Leadに、『日本一セクシーな女優』からラブコール!?
……最新情報からステージ舞台ウラ～プライベート情報
まで、どこにも出てないエピソード＆情報満載!!

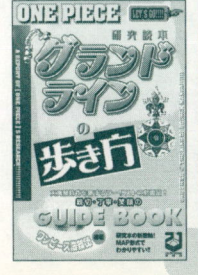

『ONE PIECE』ガイドBOOK
グランドラインの歩き方

ワンピース海賊団 [編]
¥1,200

『名探偵コナン』研究読本
コナンの通信簿

羽馬光家＆名探偵研究会 [編]
¥1,500

医歯薬・看護医療系の必修[英単語]

代々木ゼミナール講師・石井 雅勇[著]　¥1,500

医歯薬・看護医療系の入試問題に出る
『メディカル英単語』だけを精選！
関連熟語もとりあげ、長文読解や英作文にも強くなる！
医学・病院・診察・手術・環境etc.——
ジャンル別に整理されているので興味のあるところから
始められる！★長文読解『総合問題演習』付き
代々木ゼミナールのカリスマ実力講師・石井が
医歯薬・看護医療系大学、短大、専門学校の
合格へのポイントを徹底レクチャー!!

シーン別 その場で通じる英会話

尾山 大[著]　¥1,400

アナタの英語力でダイジョ～ブ！
100のパターンをおさえれば、
日常会話はもちろん、海外旅行、
電話やビジネスでのやりとり——などなど、
英語を使うすべての『場面』で、バッチリ話せる!!
英語が苦手なアナタに絶対の自信を与えます！

★ヒアリング・ワンポイントアドバイス付き！

24時間OK！いつでも使える!! 持ち歩き英会話

驚くほど話せる！ アタマ出しで通じる英会話

尾山 大[著]　各¥1,400

太陽出版

〒113-0033
東京都文京区本郷4-1-14
TEL　03-3814-0471
FAX　03-3814-2366
http://www.taiyoshuppan.net/

◎お申し込みは……
お近くの書店様にお申し込み
下さい。
直送をご希望の場合は、直接
小社あてお申し込み下さい。
FAXまたはホームページでも
お受けします。
※価格は全て税別です。